Glauben.Leben.Zukunft

Glauben.Leben.Zukunft

… wie die Generation Y Kirche 2030 denkt

Lesehinweis:
Zu Gunsten der Vielfalt und mit Rücksicht auf die Beitragenden haben wir auf eine Vereinheitlichung des geschlechterbewussten Sprachgebrauchs verzichtet.

Bibliographische Information der Deutschen Nationalbibliothek
Die Deutsche Nationalbibliothek verzeichnet diese Publikation in der Deutschen Nationalbibliographie; detaillierte bibliographische Daten sind im Internet über http://dnb.de abrufbar.

© 2021 by Evangelische Verlagsanstalt GmbH · Leipzig
Printed in Germany

Das Buch wurde auf alterungsbeständigem Papier gedruckt.

Cover: Anja Haß, Leipzig
Coverabbildung: © Insignio Kommunikation GmbH, www.insignio-kommunikation.de
Satz: Zacharias Bähring, Leipzig
Druck und Binden: CPI books GmbH, Leck

ISBN 978-3-374-07025-1
www.eva-leipzig.de

Vorwort

Zwölf Adjektive sind mir nach dem Lesen der Beiträge in diesem Buch durch den Kopf gegangen. Die Autor:innen beschreiben damit die Kirche im Jahr 2030:

dynamisch – unbequem – ideenreich – mittendrin – unstrukturiert – abenteuerlustig – multiprofessionell – stolz – pragmatisch – mutig – unprätentiös – ausdauernd.

Diese zwölf Adjektive sollen euch Ansporn sein, euch so wie die Autor:innen der Beiträge in die Themen der »Zwölf Leitsätze für eine aufgeschlossene Kirche«[1] reinzulesen. Damit sie in euch wirken und deren Impulse euch anregen können. Und wenn das noch nicht reicht, damit ihr dieses Buch ganz oben auf euren Lesestapel legt, dann tut es hoffentlich unser Ratespiel:

Wo im Buch finden sich die zwölf Adjektive? Sendet uns die Seitenzahlen, und wir melden uns mit einer Überraschung bei euch![2] Vor allem aber freuen wir uns, mit euch über die Kirche im Jahr 2030 ins Gespräch zu kommen.

---

[1]   Du fragst dich schon jetzt, was diese Leitsätze sind. Sie begegnen dir ganz von selbst in der Lektüre des Buches. Und wenn du es dann doch ausführlicher haben willst, findest du sie hier: https://www.ekd.de/zwoelf-leitsaetze-zur-zukunft-einer-aufgeschlossenen-kirche-60102.htm.

[2]   Die Lösungszahlen bitte mit dem Betreff »Glauben.Leben. Zukunft« an rv-buero@ekd.de senden. Teilnahmeschluss ist der

Ein Ratespiel in einem Vorwort? Macht man das? Darf man das? Bringt das was? Das sind Fragen, die die Autor:innen der folgenden Beiträge wohl nicht stellen würden. Unverzagt werfen sie einen Blick auf die Kirche 2030. Sie nehmen die Einladung der zwölf Leitsätze an und tun es ihnen gleich: »Sie eröffnen Perspektiven und laden zur Diskussion ber den gemeinsamen Weg in die Zukunft ein.«[3] 30 junge Menschen unter 30 mit Impulsen für die Kirche 2030 – Impulse, die durchaus miteinander in Spannung stehen und dadurch erst recht zusammenhalten. Ohne die Frage im Kopf: Darf man das? Einige fordern heraus, andere lassen einen stutzig werden, doch alle machen Lust, weiterzudenken.

Die 12. Synode der Evangelischen Kirche in Deutschland (EKD) hat eine Grundlage dafür geschaffen, dass viele der in diesem Buch aufgeschriebenen Visionen Wirklichkeit werden können. Digitalisierung ist als Thema platziert, eine solide Finanzstrategie angestoßen und nicht zuletzt mit den »Zwölf Leitsätzen für eine aufgeschlossene Kirche« ein Impuls für die Zukunft gesetzt.[4] Der Anstoß zu all diesem kam ganz maßgeblich von meiner Vorgängerin im Amt, Irmgard Schwaetzer. Ihr und der 12. Synode der EKD möchte ich an dieser Stelle Danke sagen: fürs mutige Anstoßen, ausdauernde Diskutieren und die Eröffnung einer Perspektive für die zukünftige Arbeit der EKD.

31.03.2022. Einmalig teilnahmeberechtigt sind alle Personen, die sich der Kirche zugehörig fühlen!

[3]   EKD (Hrsg.), Hinaus ins Weite – Kirche auf gutem Grund. Zwölf Leitsätze zur Zukunft einer aufgeschlossenen Kirche, Hannover 2021, 9.

[4]   Weitere Informationen zu allen Zukunftsprozessen/Papieren findest du unter: https://www.ekd.de/kirche-ist-zukunft-58566.htm.

Als 13. Synode nehmen wir diesen Ball nun auf: Das meint ganz praktisch unsere Ausgestaltung der synodalen Arbeit, aber auch die in den Leitsätzen aufgeworfenen übergeordneten Fragen werden uns in den kommenden Jahren weiter beschäftigen: Wie können wir als Kirche mutiger, agiler werden? Wie können wir als Christ:innen verständlich und authentisch über unseren Glauben reden und ausstrahlen, was uns trägt? Gerade die letzte Frage treibt mich um. Die Bibel berichtet uns von Jesus, dass er mitten unter den Menschen lebte, mit ihnen aß, mit ihnen feierte, sie tröstete, eben Leben teilte – und ihnen von Gott und von den Menschen erzählte, mitten im Alltag und in einer Sprache, die alle verstanden. Auch wenn seine Gleichnisse oft rätselhaft waren, Fragen aufwarfen und zu denken gaben: Sie berührten die Menschen – und zwar so sehr, dass ihre eigenen Erzählungen davon bis heute überdauert haben. Die Aufgabe, vor der wir stehen, ist: von unserem Glauben zu erzählen, von unseren Erfahrungen mit Gott, mit unseren Worten und Taten, im Alltag heute, dort, wo die Menschen sind. Um dieser Aufgabe gerecht zu werden, brauchen wir die Ideen aller, die Kirche mitgestalten wollen.

Dieses Buch ist eine Etappe auf dem Weg zu einer Kirche »hinaus ins Weite«[5], und es freut mich, dass in ihm sichtbar wird, dass es eine Vielzahl an unterschiedlichsten jungen Menschen gibt, die sich einbringen. Die bereit sind, ihre Gedanken und Antwortentwürfe für die Herausforderungen der Zukunft zur Diskussion zu stellen. Die unverzagt in die Zukunft blicken und Kirche nicht für überholt erklären,

---

[5]   Vgl. Anm. 3.

sondern als gestaltbaren Raum wahrnehmen. Einen Raum, der das alles sein kann:

dynamisch – unbequem – ideenreich – mittendrin – unstrukturiert – abenteuerlustig – multiprofessionell – stolz – pragmatisch – mutig – unprätentiös – ausdauernd.

Mit diesem Raum im Blick, der von den zwölf Leitsätzen eröffnet wurde, möchte ich noch ein zweites Mal Danke sagen: dem Rat der EKD, der gemeinsam mit der 12. Synode die Zukunftsprozesse in Gang gesetzt hat, und ganz besonders seinem Vorsitzenden Landesbischof Heinrich Bedford-Strohm. Mit großer Energie und Leidenschaft hat er sich dafür eingesetzt, dass wir jungen Menschen unsere Kirche mitgestalten können. Ihm und allen Mitgliedern des Rates ist dieses Buch mit Impulsen zur Zukunft der Kirche gewidmet.

Und nochmal zur Ermutigung: Am Ratespiel dürfen alle teilnehmen; ob leitend oder leidend, ob jung oder alt, ob gespannt oder misstrauisch. Es lohnt sich!

Anna-Nicole Heinrich
Präses der 13. Synode der EKD

Inhalt

1. Leitsatz

»Frömmigkeit«

Wir leben unseren Glauben. Der Glaube an Jesus Christus gewinnt Gestalt als Frömmigkeit, die persönliche Haltung, christliche Traditionen und praktische Spiritualität verbindet. Frömmigkeit ist die freie, selbstbewusste Form, Gott in Jesus Christus nachzufolgen und in dieser Welt zu bezeugen. Sie bleibt angewiesen auf Gemeinschaft, auf Rituale und Formen. Sie braucht Zeiten und Räume. In einer säkularer werdenden Gesellschaft wird die Weitergabe des christlichen Glaubens und die Einübung einer evangelischen Frömmigkeit an Bedeutung gewinnen. Die Kirche stärkt alle, die zu ihr gehören wollen, so dass sie ihren Glauben im Alltagsleben umsetzen und bezeugen können. Dazu bedarf es der Kenntnis der kirchlichen Tradition als Quelle geistlichen Lebens. Evangelische Frömmigkeit lebt aus dem Umgang mit der Heiligen Schrift. Daraus erwächst die Fähigkeit, eigene und neue Formen von Spiritualität zu entwickeln. Kirchlicher und diakonischer Bildungsarbeit kommen dabei zentrale Bedeutung zu.

Glauben leben: heute.
Vom Pusten und Posten

Lena Sibylle Müller

Glauben leben: heute. Wie kann das aussehen? Wie kommt der Glaube ins Leben oder das Leben in den Glauben? Für mich fängt das Glaubensleben mit der Bibel an. Dabei überrascht es Menschen, wenn ich »zeitgemäß« und »Bibel« im selben Atemzug nenne. Häufig wird das als Widerspruch wahrgenommen. Und genau hier sehe ich die Aufgabe von Kirche: zu zeigen, dass da kein Widerspruch ist, sondern »zeitgemäß« und »Bibel« ganz hervorragend zusammenpassen.

Es ist meine tiefe Überzeugung, dass die Worte der Bibel bis heute von großer Bedeutung sind und es auch 2030, 2040, 2050, ja einfach immer, sein werden. Menschen erzählen in der Bibel von den großen Fragen des Glaubens und des Lebens: Wo komme ich her? Was ist der Sinn des Lebens? Was ist gut und was ist böse? Was passiert, wenn ich sterbe? Worauf kann ich vertrauen? Als Theologin und Pädagogin will ich diese Fragen sichtbar machen und mit Menschen – jung oder alt – ins Gespräch kommen.

Die Bibel ist kein Tatsachenbericht, der naturwissenschaftliche Erkenntnisse in Frage stellt. Sie ist auch kein Lebertran, den man Konfirmand*innen mühsam einflößen muss, und nach der Konfirmation ist dann Zeit für die schönen lebensrelevanten Dinge.

Ich glaube daran, dass unser Leben »im Lichte der Verheißung« zu glänzen beginnt. Dass uns die Bibel Worte schenkt, um unsere Erfahrungen auszudrücken und um uns unseren offenen Fragen zuzuwenden. Ich glaube daran, dass die Bibel als Botschaft von Befreiung uns in dieser Welt mit ihren Unterdrückungsstrukturen beflügelt.

Es braucht eine zeitgemäße Bibeldidaktik – nicht nur für Kinder. Es wird Zeit, sich nicht länger hinter Worthülsen zu verstecken, von der Kanzel herab über »Sünde« zu schimpfen und von »Gnade« zu faseln, sondern sich auf die Kirchentreppe zu setzen und sich Menschen wirklich zuzuwenden. Persönlich zu werden ohne Angst, sich dadurch angreifbar zu machen. Zeigen, nicht erklären.

Gelungene Rituale können diese lebendige und lebensbegleitende Dimension des Glaubens noch einmal besonders spürbar machen. Das kann die Erntedankfeier im Kindergarten sein, bei der Kinder sehen und schmecken dürfen, wie freundlich G*tt ist, und selbst Worte für ihre Dankbarkeit finden. Das kann aber auch eine Trauerfeier sein, die wirklich auf den Verstorbenen und seine Angehörigen eingeht, in der Raum geschaffen wird für Trauer, Klage und Hoffnung.

Aus dem lebendigen Glauben folgt eine überzeugte Nachfolge. Und die ist aktivistisch. Wenn wir uns auf Jesus Christus berufen, dann berufen wir uns auf den Menschen, der sich denjenigen zugewendet hat, die von der Gesellschaft an den Rand gedrängt wurden. Nachfolge heißt nicht, im elitären Kreis zu bleiben, sondern sich mit Menschen an einen Tisch zu setzen, die keinen lückenlosen Lebenslauf vorweisen können.

Eine Kirche, die Nachfolge lebt, tritt folglich gegen Sexismus, Rassismus, Ableismus und Homophobie ein. Und das sage ich nicht einfach so dahin. Es ist ein herausfordernder Weg. Da ist zum Beispiel die männlich geprägte Kirchensprache. Biblisch betrachtet ist G*tt so viel mehr als nur HERR und Vater, sie ist Mutter, Quelle, Henne, Sonne und Liebe. Es ist erwiesen, wie stark sich Sprache auf unsere Vorstellungen auswirkt. Wir brauchen in der Kirche eine Sprache, die unsere Gottesbilder nicht unnötig einengt und Frauen nicht ausschließt.

Da sind Bilder, die Jesus, seine Familie und Freund_innen weiß darstellen, obwohl sie PoC (People of Colour) waren. Dieses Weißwaschen der Bibel hat eine lange Tradition, um rassistische Unterdrückung damit zu rechtfertigen, dass weiße Menschen gottähnlicher seien. Damit müssen wir brechen. Das fängt damit an, dass wir die Kinderbibeln,

Großes hat G*tt an mir getan.

die wir vorlesen, auf ihre Illustrationen hin prüfen, und macht nicht Halt vor dem kritischen Blick auf die Kunst in unseren Kirchen. Wenn Menschen in aller Vielfalt in unserer Kirche willkommen sein sollen, müssen sie auch in aller Vielfalt dargestellt werden.

Überzeugte Nachfolge stellt Anforderungen an unseren Umgang mit der Bibel: Lassen wir es zu, dass Bibelstellen aus dem Kontext gerissen werden, um die Liebe anderer Menschen zu verurteilen? Wie legen wir Heilungsgeschichten aus, ohne Menschen mit Behinderungen abzuwerten? Es geht nicht darum, privilegierte Menschen zu verurteilen. Es geht darum, Stimmen zu lauschen, die lange übertönt wurden. Ich merke, dass das für diejenigen, die bislang relativ ungestört laut sein konnten, weil sie sich in strukturellen Machtpositionen befinden, häufig sehr ungewohnt ist und sie mit Abwehr darauf reagieren. Ich würde mir da mehr Ruhe wünschen: sich mal zurücknehmen und wirklich zuhören. Akzeptieren, dass Menschen, die andere Erfahrungen als ich machen, keine Lügner_innen sind. Wer hören kann, der_die höre.

Manchmal sagt man mir, ich sei radikal. Ich sage: Jesus war radikal. Liebe ist radikal. Ich folge nach. Oder versuche es zumindest.

Glaube leben: heute. Zeitgemäß. Es funktioniert. Ich kann am selben Tag Ohrwürmer aus »Bohemian Rhapsody« und dem Weihnachtsoratorium haben. Meine bunten Glitzerschuhe blitzen ganz wunderbar unterm Talar hervor. Ich kann aktivistisch und gläubig sein. Anders könnte ich es mir gar nicht vorstellen.

Weil ich merke, wie viele Menschen das überrascht und vor allem: erleichtert, trage ich diese Erkenntnis immer deutlicher in die Öffentlichkeit, indem ich mich zeige – vor allem auch in den sozialen Medien, wo besonders junge Menschen viel unterwegs sind. Es wird Zeit, den Staub von der Bibel zu pusten und stolz zu zeigen: Hier bin ich – Feministin und Christin. Pusten und posten sozusagen.

 **Lena Sibylle Müller** ist Vikarin mitten in Berlin. Nach ihrem Studium der Mathematik studierte sie Evangelische Religions- und Gemeindepädagogik. Ihre Interessenfelder sind feministische Theologie, Bibeldidaktik und Theologie der Stadt. Als »metablabla« schreibt und zeichnet sie auf Instagram über feministisch-christliche Themen. Sie ist Gründungsmitglied des feministischen Andachtskollektivs und Moderatorin im Talkformat »feministisch fromm FREISCHNAUZE«.

Sinn ohne Zweck – Kirche als geistlicher Raum

Friederike und Svenja Nordholt

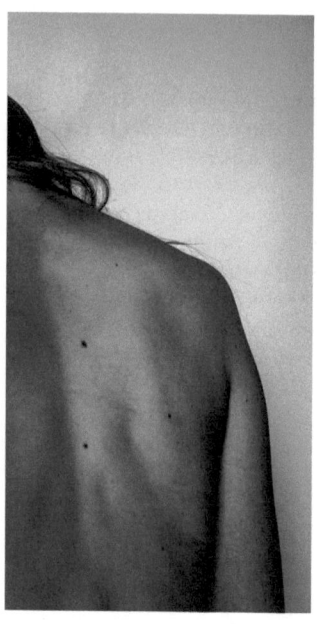

Fromm.
Widerspenstig krauses Wort.
Fügst dich ein in eine kantige Welt.
Entgegenschnellende Richtigkeit,
borstig und bieder?
Scheinheilig getragen
im Willen des Gerechten.
Schild gestriegelter Strenge.
– Was täte wohl und hätte sonst
und wo, Herr Himmelgott, kämen wir?
Dämme brächen, um Ohren flöge alles,
was zum Halten taugt.
Doch was, ja was nur ist dies, das
zum Halten taugt?
Taugt denn das Halten überhaupt?
Geballte Fäuste, gekrallte Finger um
Schnüre ewig gegangener Pfade
lassen los und
schweben an der Hand des Heiligen.

Was Frömmigkeit bedeutet, ist mit dem Wegfallen der sie umgebenden Strukturen so richtig klargeworden. Als plötzlich keine Kirchen mehr offen waren und das Leben sich auf einen kleinen Radius beschränken musste. Als der Raum, den Kirche nicht nur mit ihren Gebäuden, sondern mit ihren alltäglichen Beziehungen, mit dem Geruch des Gemeindehauses, mit dem Aus-voller-Kehle-Singen bot, in sich zusammenfiel. »Alle Sorge werfet auf ihn« – das konnte plötzlich nicht mehr wie gewohnt ablaufen.

Kirche muss geistlicher Ort sein. Den Menschen als bedürftig ansehen. Verletzlich und fragil. Sinnsuchend. Trostsuchend. Ihm Raum geben für das, was er ist, wer er ist, nicht, was er vermeintlich sein sollte. Seine Füße auf weiten Raum stellen. Ihn sehen. Ihn segnen, den müden Homo faber. Müde von seinem Schaffen und Bauen.

Die Struktur des geistlichen Lebens war von jetzt auf gleich ganz anders. In dieser radikalen Veränderung sind zwei gegensätzliche Dinge sehr deutlich geworden: Einerseits kann Frömmigkeit viele verschiedene Formen annehmen. Auf Plattformen wie Instagram erhalten wir Einblick in die ganz eigene Frömmigkeit von Tausenden Christ*innen. Andererseits wurde vielen Menschen klar, dass sie sich ohne die gewohnten Rituale, Begegnungen, Lieder, Erfahrungen ziemlich verloren fühlen. Wenn kein Raum mehr offen gehalten wird, der nur für diese verletzlichen Momente mit

Gott da ist. Und das, während es um den einzelnen Menschen herum immer enger wird.

Und dann? Ist er wieder fit? Gefixt und funktionstüchtig?
»Es gibt nichts zu tun, nichts zu leisten. Dann holst du wirklich das Beste aus diesem Training raus«, sagte meine Meditationsapp einmal zu mir, und ich fand das irritierend. Meditation ist eine prima Sache. Aber in ihrer vom Religiösen losgelösten Form bleibt sie für mich leer. Am Ende hängt doch alles an mir, und das Meditieren ist das Mittel der Wahl zu mehr Leistungsfähigkeit und Wohlbefinden. Dagegen spricht ja nichts, aber es tröstet mich nicht. Ich will nicht das Beste aus einem Gebet rausholen und auch aus einem Segen nicht.
Was ist mein einziger Trost im Leben und im Sterben?

Dass Frömmigkeit etwas ist, das man nicht einfach hervorzaubern oder anziehen kann wie eine Jacke, wurde unbequem deutlich, als der konkrete Ort von Frömmigkeit unverfügbar wurde. Natürlich wird Frömmigkeit nicht an- und ausgeschaltet mit dem Kirchenbesuch. Aber was Kirche geben kann, ist: einen fluiden Raum zu erzeugen mit Formen, Ritualen und Begegnungen, in denen man seine Bedürfnisse ablegen kann.

Kirche ist geistlicher Ort. Für alles andere gibt es schon lange besseren Ersatz.
Spiritualität verbindet mit einer Sphäre außerhalb der Welt, mit einem Ort, der sich nicht herbeizwingen oder errechnen lässt.

Das ist wie mit der Kunst. Sie entsteht, wenn Zeit und Raum es zulassen.
Religion und Kunst sollten es also allen voran am besten wissen: Sie brauchen Zeit und Raum, um ihre Aufgabe erfüllen zu können. Kreative Langeweile, loslassen, sich verlieren, sich einlassen, Begegnung und Inspiration. Für den heiligen Moment empfänglich sein.

Die Aufgabe von Pfarrer*innen ist deshalb vor allem eine geistliche. Auch wenn der Berufsalltag oft ganz anders aussieht, sollte es die Hauptkompetenz der Pfarrerin sein, geistliche Ansprechperson zu sein. Dem Verletzlichen des Glaubens zu begegnen. Dafür zu sorgen, dass die Bedingungen für diesen Auftrag gegeben sind, das ist Aufgabe der Kirche.

*Zu diesen Bedingungen gehört, Pastor*innen von Aufgaben zu entlasten, die nicht ihrer geistlichen Funktion oder ihrer theologischen Ausbildung entsprechen. Zeit vorsehen, viel Zeit, zum Schreiben von Predigten, für Gebet und Seelsorgegespräch.*
Zu diesen Bedingungen gehört auch, sich vom Modell der 40+-Stunden-Woche zu lösen. Das betrifft die Arbeitsbedingungen im Kindergarten genauso wie in der Pflege oder im Pfarrberuf. Wenn Kirche ihre Funktion und ihren Auftrag ernst nimmt, muss sie in Sorgeberufen genug Zeit für Fürsorge ermöglichen und auf allen Ebenen spirituellen Raum eröffnen. Vorreiterin werden eines bevorstehenden gesellschaftlichen Wandels.

Kirche ist Raum, aber kein Container mit festen Wänden, denn eine Struktur aus Beton lässt kein Wachstum zu. Ihr Raum besteht aus Beziehungen zwischen Menschen und zu Gott, die dynamisch sind und bunt. Und die von allen Beteiligten unterschiedlich wahrgenommen werden dürfen.

Ein Gegenentwurf zur betriebsamen Geschäftigkeit sein, zum Stress, der uns krank macht.
Es nicht dabei belassen, ein Pflaster im System zu sein.
Weil Kirche wie keine andere versteht, dass ihrem Tun zuallererst das Lassen vorausgeht.

Friederike Nordholt (1994) und **Svenja Nordholt** (1991) kommen aus der Evangelisch-reformierten Kirche und haben beide Evangelische Theologie studiert. Seit 2018 hosten die Schwestern den Theologie- und Predigtpodcast »Wortkollektiv«, in dem unterschiedliche Predigtformate im Mittelpunkt stehen. 2020 haben sie gemeinsam mit Jonathan Renau und Nils Alboth das digitale Lernprojekt »Was zur Hölle?! Theologie kompakt erklärt« ins Leben gerufen. In kurzen Animationsvideos werden theologische Themen auf YouTube verständlich erklärt.

2. Leitsatz

»Seelsorge«

Wir begleiten Menschen. Die evangelische Kirche bleibt eine dem einzelnen Menschen zugewandte Kirche. In den Wechselfällen des Lebens sind Menschen aufeinander angewiesen. Auch wenn sich kirchliche Strukturen verändern, muss die persönliche und verlässliche Erreichbarkeit einer Seelsorgerin oder eines Seelsorgers gewährleistet sein, um Freude und Leid mit den Menschen zu teilen. Es ist die Aufgabe aller für Seelsorge Beauftragten, ansprechbar und kommunikationsfähig zu sein. Wir stärken seelsorgliche Netzwerke durch eine gute Qualifikation aller Seelsorgenden und durch fachlichen Austausch. Es bleibt eine Herausforderung, dort präsent zu sein, wo Menschen besonderen Belastungen ausgesetzt sind.

(T)Raum zum Nachdenken: Zukunftsvisionen für die Seelsorge 2030

Carlotta Reinhardt

Seit über zwei Jahren bin ich Telefonseelsorgerin bei der Studentischen TelefonSeelsorge, einem Projekt der Evangelischen Studierenden-

gemeinde Hamburg. Jeden Abend rufen Menschen bei uns an. Einige sind einsam, andere verzweifelt, wieder andere überglücklich. Wir sind einfach da, wenn sonst niemand da ist oder wenn es neutrale Gesprächspartner:innen braucht.

Einer Freundin, die ich im Psychologiestudium kennengelernt hatte, habe ich (natürlich ohne Details von Anrufen zu erzählen) von meiner Arbeit erzählt. Mit »der Kirche« kann sie nicht viel anfangen und trotzdem sprudelte es aus ihr heraus:

»Ey, jetzt überleg ich wirklich, ob ich dann irgendwann doch nicht aus der Kirche austrete, so was ist so wichtig.«

Diese Reaktion hat mich überrascht, berührt und auch nachdenklich gestimmt: Wie kann es sein, dass ein so tolles Angebot (ich meine damit Seelsorge im Allgemeinen) nicht viel bekannter ist? Wie kommt es, dass viele Personen, die von konkreten Seelsorgeangeboten hören, überrascht sind, was es alles gibt? Und warum nehmen nicht viel mehr Menschen diese Möglichkeit in Anspruch? Schließlich ist doch nicht erst seit Beginn der Coronakrise von stärkeren Belastungen bis hin zu ernst zu nehmenden psychischen Problemen und fehlenden Psychotherapieplätzen die Rede. Wie kann Seelsorge sichtbarer gemacht werden? Wie können Hürden abgebaut werden, sodass mehr Menschen von Seelsorge profitieren können?

Unsere Telefonseelsorge spiegelt für mich ganz viel von dem wider, wie ich Seelsorge verstehe, was sie wertvoll macht und wie ich mir Seelsorge in der Zukunft vorstelle. Dazu gehört einerseits eine gute Ausbildung, in der besonders psychologische Perspektiven Raum haben. Denn das Wissen über psychische Störungen hilft erstens, mit den Personen umzugehen, die anrufen. Zweitens hilft es auch, Grenzen wahrnehmen und wahren zu können. Denn Seelsorge ist keine Psychotherapie. Und das soll sie nicht sein. Seelsorge ist freier, anonymer und verpflichtet zu nichts. Außerdem ist sie offen und erreichbar für jede:n. Das bedeutet auch, dass niemand, der sich an die Seelsorge wendet, christlich sein muss. Jede:r ist willkommen. Das gilt für mich für beide Seiten, auch die der Seelsorger:innen. Was bei der Seelsorge im Mittelpunkt stehen sollte, ist die den Menschen zugewandte Haltung. Diese christliche Idee ist leitend, nicht Zugehörigkeiten.

Ich habe das Gefühl, dass ich zu wenig gesehen werde. Dabei hab ich so viel mehr zu geben, als ich zeigen kann.

Wie sollte Seelsorge 2030 also aussehen? Sie muss sichtbarer, noch leichter zugänglich, vielseitiger, bunter und kreativer werden. Dazu müssen Angebote, die die Seelsorge ausmachen, gestärkt, ausgeweitet und weiterentwickelt werden. Das betrifft neben Seelsorge innerhalb eines festen Gesprächsrahmens auch spontan entstehende Seelsorge, Gespräche zwischendurch, für die im Berufsalltag von Pastor:innen genügend Raum zur Verfügung stehen muss.

Vor allem aber wünsche ich mir, dass sich 2030 mehr Menschen direkt von Seelsorge angesprochen fühlen und Hemmschwellen abgebaut sind.

Angenommen, ein Wunder geschähe und 2030 wären all diese Probleme gelöst: Woran würde man das konkret merken und sehen?

Neue Räume für Seelsorgegespräche sollten daher nicht nur im übertragenen Sinne geschaffen werden, sondern auch im wahrsten Sinne des Wortes. Durch Seelsorgestellen in kleinen Ladenlokalen, Büros, in Bahnhöfen (auch keine neue Idee im Übrigen!), aber auch in Kirchengemeinden kann so ein großes, sichtbares Seelsorgenetz entstehen. Dieses Netz wird zusammengehalten durch eine u. a. aus Pastor:innen und Psycholog:innen bestehende, gut organisierte Leitung, die koordiniert, Termine und Informationen teilt, beratend zur Seite steht, wenn es zu schwierigen Situationen kommt, Ehrenamtliche aus- und weiterbildet und Supervision anbietet.

2030 gibt es mehr Ehrenamtliche in der Seelsorge, was auch für sie selbst eine große Chance darstellt. Mir persönlich hat die ehrenamtliche Arbeit viel abverlangt, gleichzeitig aber noch viel mehr zurückgegeben. Ich habe erlebt, dass der entstehende Gesprächsraum auch für die Seelsorger:innen etwas Besonderes sein kann und eine Möglichkeit ist, sich selbst sinnvoll einzubringen, weiter- zuentwickeln und existenziellen, spirituellen oder religiö- sen Fragen Raum zu geben.

Dieses neu strukturierte und ausgebaute Angebot muss natürlich auch in der Öffentlichkeit präsent sein – über soziale Medien, die Einbindung in Hilfesysteme, gezielte Werbung. Nicht aufdringlich, aber präsent. Nicht fordernd, sondern als Angebot. Durch diese Präsenz der Seelsorge in der Öffentlichkeit kann die Kirche einen wichtigen Teil zur Entstigmatisierung psychischer Krankheiten und der Ent- pathologisierung von Trauer und Krisen beitragen.

Seelsorge ist ein Kern der kirchlichen Arbeit und kann ein Schlüssel sein, wie die Kirche an Bedeutung gewinnt – für jeden:jede Einzelne:n und damit für viele Einzelne und auch ihre Angehörigen.

Ich kann mich darauf konzentrieren, für Menschen da zu sein – durch Menschen. Es gibt mehr Seelsorgezentren, an den unterschiedlichsten Orten, in die man immer wieder Menschen reingehen sieht. Manche bleiben länger, manche kürzer. Aber mehr Leute sehen mich wirklich an – mit offenen, neugierigen und dankbaren Augen.

Die im fiktiven Dialog anklingende Wunderfrage ist nützlich, um konkrete Ideen zu entwickeln, was für eine Verbesserung der Situation notwendig ist. Aber um die Seelsorge stark und sichtbar zu machen, braucht es kein Wunder – es braucht gute Ideen, den Mut, größer zu denken, und genügend Ressourcen.

Carlotta Reinhardt, geboren 1996 in Hamburg, studiert im zehnten Semester Evangelische Theologie sowie Psychologie im Master an der Universität Hamburg im Rahmen eines Doppelstudiums. Die Verknüpfung beider Studiengänge, insbesondere im Bereich der Seelsorge, liegt ihr sehr am Herzen, und sie ist seit 2018 Mitglied bei der Studentischen Telefonseelsorge in Hamburg. 2017 absolvierte sie die C-Ausbildung für klassische Kirchenmusik und ist Mitglied im Kirchengemeinderat der Osterkirche in Hamburg-Bramfeld. Ab August 2021 zieht es sie für ein Auslandsjahr an das Smith College (Massachusetts, USA), wo sie an einem Interdisciplinary Study Program teilnimmt.

Augen-Blicke.
Zur Medialität zeitgenössischer Seelsorge

Michel Steinfeld

»Die Augen, die unverhehlbare Sprache der Augen, durch-
brechen die Maske. Das Auge leuchtet nicht, es spricht.«
In diesen Worten drückt Emmanuel Levinas die besondere
Intimität und Dichte aus, die im Blickkontakt zustande
kommt. Diese zu bedenken, legt sich besonders nahe, nachdem eine globale Pandemie die Entwicklung zur Virtualität
noch verstärkt hat: Sichtbarkeit wird real minimiert und
medial maximiert. Was folgt daraus für die Seelsorge?

In einer Welt, deren Unübersehbarkeit offensichtlich
geworden ist, führt es in die Irre, Sinn oder Gewissheit zu
verheißen, derer man sich selbst immer nur begrenzt sicher
sein kann. Wären wir uns ihrer sicher, bräuchten wir weder
glauben noch hoffen. Seelsorge geht daher immer zuerst
vom anderen aus. Ihr einziger vorauslaufender Rahmen
ist die Offenheit für einen Gott, der sich zeigen kann, aber
nicht muss. Und darin kann sie sich über eine Haltung ver-
ständigen, die sich entsprechend Jesu Barmherzigkeit und
seinem Tod am Kreuz aller Vorurteile und jedes im Voraus
festliegenden Sinnes zu enthalten sucht.

Eine Gesellschaft, in der sich Menschen sehen, hören
und spüren, braucht keine Seelsorge, denn in ihr wird gelebt, was das Reich Gottes verheißt. Eine Gesellschaft, in

der Individualisierung und Marginalisierung, Anonymisierung und Vereinsamung nicht aufhören, braucht Menschen, die vorbehaltlos akzeptieren, die Raum und Zeit für Hall und Wort geben, die neugierig, offen und verständig sind, zu verstehen, was der Moment ihnen bringt, die schließlich auch in Trostlosigkeit Glaube, Hoffnung und Liebe suchen. Seelsorge kann spüren, hören und sehen. Sie sucht andere im Ausgang ihrer Sinne und im Horizont ihrer Sprache. Wir müssen allerdings neu und anders hören, sehen und spüren, wenn wir Menschen nun auch im Chat, per E-Mail und bald vielleicht als virtuelle Avatare begegnen. So wandelt sich Seelsorge. Ein Blick auf Sichtbarkeit und Scham kann dies genauer scharfstellen.

Der seit Jahrzehnten zunehmende Zwang zur reflexiven Lebensführung im Kontext einer Pluralisierung von Lebensstilen macht die Identitätsfindung zu einer Leistung, die das Leben bis zuletzt begleitet und mit deutlich mehr Möglichkeiten und Unsicherheiten konfrontiert als zuvor. Die damit einhergehende Angst zu versagen macht das Thema der Scham und des Gesehenwerdens in besonderem Maße aktuell. Das erschwert schon den ersten Schritt, Seelsorge überhaupt in Anspruch zu nehmen. Seelsorge kann noch so sehr auf Augenhöhe bedacht sein, der Schritt, nach einem Gespräch zu fragen, jemanden anzurufen, anzuschreiben oder anzusprechen und dabei die eigene Misere im Kopf zu haben, setzt einen Rahmen des Hilfesuchens, der beschämen kann. Scham spielt mit, sobald es darum geht, sich in einem Licht zu zeigen, das überall Schatten wirft. Not, Verzweiflung, Schuld, Einsamkeit, Überforderung – man kann lernen, es zu zeigen, man kann es darstellen, doch die Angst, beschämt zu werden, bleibt. Seelsorge hat immer schon mit Scham zu tun. Sie begegnet ihr, hält sie aus, lässt sie sein, beleuchtet manche Schatten, lässt andere Schatten Schatten sein, und manchmal löst sie etwas von der Last dieser Beschämungen.

Mit der Digitalisierung wurde es leichter, andere zu beschämen und bloßzustellen. Wer im Netz agiert, kann anonym, über weite Distanzen hinweg, unsichtbar und unverfolgbar agieren. Cybermobbing und Drohmails verdeutlichen dies. Gleichzeitig hat sich auch die Seelsorge digitalisiert und damit die Hürden niedriger gelegt, sich in einem geschützten Rahmen zu zeigen und einen Weg im oder aus dem Leiden zu finden. Schon die Telefonseelsorge gewährleistet seit gut 60 Jahren nicht nur stete Erreichbarkeit, sondern auch Anonymität. Mit dem Internet kamen E-Mail- und Chatseelsorge hinzu. Bald könnten Seelsorge in Sprachnachrichten und Avatarseelsorge folgen: Die virtuelle Realität eröffnet ganz neue Lebenswelten, in denen die eigene Persönlichkeit dargestellt, verfremdet und gestaltet werden kann. Augmented Reality erweitert das, was uns analog widerfährt, und erlaubt nicht nur eine andere Medialität, sondern auch eine neue Weise, Identität zu finden oder zu verlieren. Seelsorge in einer solchen Welt steht vor der Herausforderung der Verkleidung und Maskierung, der Anonymität und eines Schwunds an Körperlichkeit.

Das Christentum hat das Leben Jesu Christi von der Inkarnation – Weihnachten – an beschrieben und seither in unterschiedlicher Weise Leiblichkeit und Verkörperung gedacht. Der Leib ist nicht nur der sichtbare Körper, er ist auch die Weise, in der wir in Beziehung zu anderen, zur Welt und zu Gott leben (1. Korinther 6). Virtuelles Leben ist kein Leben ohne Leib, es ist ein Leben mit einem Leib, der sich durch seine Weise, in Beziehung zu treten, auszeichnet. Virtuelle Leiblichkeit ist Leiblichkeit ohne materielle und berührbare Körper. So wird Seelsorge um viele ihrer traditionellen Möglichkeiten gebracht. Doch umso mehr lernt sie, anderen in der Beschränkung und Vertiefung weniger Sinne zu begegnen, sei es in der Stimme am Telefon und in Sprachnachrichten, im Text des Chats oder in der Verkleidung als Avatar. Und umso überzeugender kann sie die Botschaft der Rechtfertigung selbst dort »verkörpern«, wo einem Menschen nur noch anonyme Zeilen zur Verfügung stehen, um sich von der Last der Scham zu befreien und etwas von der Hoffnung zu spüren, die der Gegenwart Atem gibt.

Das Medium, das den Sichtkontakt unterbindet oder beschränkt, fungiert als Rückzugsort, der Begegnung ermöglicht, wo Augen-Blicke zu schambesetzt sind. Seelsorge muss also einen Blick für andere finden, ohne deren »sprechende Augen« unmittelbar zu sehen; das Auge medialisiert sich, wird anders und vermittelt sichtbar, es spricht sich in neuer Weise aus. Digitale Seelsorge braucht also den Mut, sich dieser Sprache auszusetzen und andere in dem anzusehen, was sie von sich zeigen, auch wenn sie virtuelle Kleider tragen. Dann sind Begegnungen möglich, die anders nicht geschehen wären. Und wir begegnen auch virtuell immer einem Menschen, der auftritt, sich also – in welcher Weise auch immer – zeigt. Und wenn nur dafür ein Blick, ein Ohr, ein Gefühl da ist, kann Seelsorge geschehen.

Michel Steinfeld, Dipl.-Theol., promoviert an der Universität Hamburg im Fach Theologie. Er ist in unterschiedlichen Feldern der Seelsorge aktiv. Sein Fokus gilt dort v. a. den Kommunikationsmedien Telefon, E-Mail und Chat.

3. Leitsatz

»Öffentliche Verantwortung«

Wir sagen, wovon wir leben. Durch das Evangelium von Jesus Christus tritt Gott mit Menschen in Beziehung. Die Verkündigung der Kirche richtet sich darum an alle. Wir bezeugen Christus und nehmen zu gesellschaftlichen Prozessen öffentlich Stellung, wo dies vom Evangelium her geboten ist und sich in unserem kirchlichen Leben und Handeln praktisch und erkennbar niederschlägt.

Thesen. – Thesen?

Benita Kawalla

Thesen scheinen ein bewährtes Format in der evangelischen Kirche zu sein. Mir macht dieses Format ein bisschen Angst: Thesen klingen so selbsterklärend, fertig und widerspruchsfrei. So ist mein Denken nicht, besonders nicht, wenn es um Visionen für eine Kirche 2030 geht. Aber ich versuche mich trotzdem daran, an Thesen, an Begründungsversuchen, aber auch an Einwänden. Und an Visionen, die versuchen, Begründung und Einwand zusammenzubringen.

These: Öffentliche Verantwortung ist Macht, die wir nutzen müssen.

Begründung:
Kirche muss Verantwortung übernehmen, weil einsam Luftschlösser zu bauen nicht Teil der Bergpredigt ist. Es gibt also schon rein theologisch einen Imperativ zum »Hands on!«. Für mich ist aber mindestens genauso zentral, dass wir eine riesige Organisation in Deutschland sind, mit Unmengen an Geld, kulturellem Kapital und historisch gewachsener Verantwortung für Menschen, seien es Bewohner*innen in Einrichtungen kirchlicher Trägerschaft oder Arbeitnehmer*innen.

Einwand:
Macht ist Geld. Und Geld wird weniger: Noch merken wir die sinkenden Mitgliedszahlen nicht schmerzlich in den Kirchensteuereinnahmen. Aber das Geld wird weniger werden, das ist sicher. Deswegen ist es gefährlich, kirchliche Strukturen aufzubauen, die wir nicht weiterführen können, wenn Mitglieder und Geld schwinden. Das wäre nur ein neues Luftschloss.

Vision:
Ich möchte eine Kirche 2030, die sich nicht klein macht und gemeinsam mit anderen Akteur*innen Verantwortung übernimmt. Macht zu nutzen, heißt dabei immer auch, diese zu reflektieren, Fehler offen einzugestehen und auch keine Angst vor Ohnmacht zu haben.

These: Öffentliche Verantwortung sind unser aller, auch meine Hände.

Begründung:
»Wenn viele kleine Leute an vielen kleinen Orten ...« – das Lied habe ich im Kindergottesdienst gesungen. Die Botschaft ist: Verantwortung übernehmen können viele an vielen Orte, also auch ich an meinem Ort. Die Kirche sind nicht die anderen, sondern ich und du. Verantwortung zu übernehmen, ist kein Privileg der Kirchenoberen, sondern Gabe und Aufgabe für alle.

Einwand:

Wer Verantwortung übernimmt, braucht Kraft und Ressourcen. Indem ich behaupte, dass alle Verantwortung übernehmen sollen, gehe ich davon aus, dass alle in unserer Kirche diese Kraft und Ressourcen haben. Das ist aber nicht so. Ich spreche aus einer privilegierten Situation. Eine Kirche mit und für die Schwachen darf nicht vergessen, dass Privilegien sehr unterschiedlich verteilt sind. Dass Menschen aufgrund ihrer Position in die Lage gebracht werden, unterschiedlich viel tragen zu können.

Vision:

Ich möchte eine Kirche 2030, die Menschen darin bestärkt, dort, wo sie sind, die Kräfte, die sie haben, zu nutzen. Eine Kirche, in der man schwach sein darf und sich mit anderen darüber freut, wenn man eigene Ressourcen mit anderen teilen kann.

These: Öffentliche Verantwortung macht sichtbar, und das ist eine Chance.

Begründung:

Wir leben in einer Zeit, in der das Vaterunser vor dem Schlafengehen keine gesellschaftliche Sprengkraft hat. Öffentliche Verantwortung zu übernehmen heißt hingegen, als Kirche keine Angst zu haben, sich doch wieder angreifbar zu machen. Man steht für etwas, das größer ist als das stille private Abendgebet. Gesellschaftliche Verantwortung wirkt per se nach außen, in der Positionierung und im Handeln schaffen wir Allianzen, ziehen klare Linien, werden unterstützt oder angegriffen. Das gehört dazu, genau das ist Verantwortung, und das ist in einer Welt, in der Kirchenmitgliedschaften zurückgehen, vielleicht die einzige Möglichkeit, als Kirche weiterhin eine Rolle zu spielen. Auch für die Menschen in unserer Kirche: Viele meiner Freund*innen sagen, dass sie ohne die Sea-Watch 4 schon längst aus der Kirche ausgetreten wären.

Einwand:
Öffentliche Verantwortung macht auch interne Spaltungen sichtbar: Eine große Chance der Kirche ist es, Menschen über gesellschaftspolitische Spannungen hinweg an einen Tisch zu holen. Je aktiver sich die Kirche und ihre Mitglieder in aktuellen Debatten positionierten, desto deutlicher wird, welche theologischen oder politischen Spannungen in unseren Gemeinden existieren. Positionierung spaltet. Wie kann man mit diesen internen Spaltungen umgehen?

Vision:
Ich möchte eine Kirche 2030, die sich über interne Spannungen freut, die Räume schafft, damit Menschen sich mit und durch ihre Spannungen begegnen, und in der wir mit unseren Unterschieden gemeinsam Abendmahl feiern können.

Das sind meine ersten Thesen, erklärungsbedürftig, unfertig, widersprüchlich. Und trotzdem habe ich gemerkt, dass ich eine Vision habe, eine Kirche 2030, von der ich träume:

Ich möchte eine Kirche 2030, in der wir sagen: Die enorme kirchliche Unterstützung der Sea-Watch 4 war eine gute Sache. Weil wir gemeinsam unsere Ressourcen genutzt haben, um dieses Schiff zu finanzieren und damit Menschenleben zu retten. Weil wir dadurch so viel von dem, was zum Thema Nächstenliebe in einem dicken Buch steht, in die Tat umsetzen konnten. Weil wir innerhalb dieser Kirche über die verschiedenen Wege, Verantwortung zu übernehmen, streiten konnten und trotzdem gemeinsam Abendmahl gefeiert haben. Und hoffentlich, weil wir dadurch zu einer Gesellschaft beigetragen haben, in der 2030 alle Menschen sagen: Man lässt keinen Menschen ertrinken. Punkt.

Benita Kawalla studiert und arbeitet irgendwo an der Schnittstelle Politik, Europa und Migration. Als Stipendiatin des Evangelischen Studienwerks hat sie maßgeblich an der politischen Positionierung des Werks zu einem möglicherweise kommenden Begabtenförderungswerk der AfD mitgearbeitet. Sie lebt in Berlin und probiert gern zwischen Kirche, Politik und Zivilgesellschaft verschiedene Rollen aus, in denen man gesellschaftliche Verantwortung übernehmen kann.

Warum die Kirche Haltung zeigen muss – und warum sie dabei endlich mutig werden muss

Mattea Weihe

Die Worte Sandra Bils' auf dem Evangelischen Kirchentag in Dortmund 2019 klingen noch nach, als wären sie nur wenige Wochen her: »Man lässt keine Menschen ertrinken. Punkt.« Ein Satz, der – eigentlich so selbstverständlich – eine bemerkenswerte Wirkung hatte. Wenige Monate später wurde gemeinsam mit dem Bündnis United4Rescue und einer Vielzahl von Unterstützer:innen ein Schiff gekauft, um es dorthin zu schicken, wo es am dringendsten gebraucht wird: ins zentrale Mittelmeer, der tödlichsten Grenze der Welt. Die Poseidon, der Gott des Meeres in der griechischen Mythologie, wurde wenig später auf den Namen Sea-Watch 4 getauft, und in ihrem ersten Einsatz rettete ihre Besatzung über 350 Menschen das Leben.

Die Sea-Watch 4 und das Bündnis United4Rescue zeigen, dass es mehr braucht als große Reden vor Tausenden. Mehr als das öffentliche Skandalisieren von Menschenrechtsverletzungen im Mittelmeer. Sie zeigen, dass Solidarität praktisch werden kann und muss, um tatsächlich Dinge zu verändern. Dafür ist jedes neue, so dringend benötigte Rettungsschiff ein Anfang. Doch kann ein Schiff nur einen kleinen Teil zum grundlegenden Umdenken beitragen.

Um zu begreifen, warum es eine grundlegende Veränderung braucht, reicht ein Rückblick auf die letzten zwölf Monate: 52 Wochen, in denen Menschen auf dem Mittelmeer alleine gelassen wurden, 365 Tage, an denen Menschenrechte systematisch gebrochen wurden, und 8760 Minuten, in denen Rassismus wieder gesellschaftsfähig wurde. Dass dies zur Normalität wird, daran dürfen wir uns niemals gewöhnen!

... Wir dürfen uns niemals daran gewöhnen, dass Tausende Schutzsuchende plötzlich auf der Straße schlafen mussten, als Moria niederbrannte. Dass Städte und Kommunen sich dafür einsetzen, Menschen bei sich aufzunehmen, aber vom deutschen Innenministerium daran gehindert werden. Oder dass die politische Antwort auf den Brand der Bau von Moria 2.0. war – ein Gefängnis, in dem noch heute Tausende Menschen unter unwürdigsten Bedingungen leben.

... Wir dürfen uns niemals daran gewöhnen, dass immer und immer wieder bewiesen werden muss, wie FRONTEX Menschen illegal in die Türkei drängt. Dass trotz öffentlicher Aufforderungen FRONTEX-Chef Leggeri keine Anstalten macht zurückzutreten. Oder dass FRONTEX sich an illegalen Zurückführungen nach Libyen beteiligt, ohne dafür zur Rechenschaft gezogen zu werden.

... Wir dürfen uns niemals daran gewöhnen, dass im April 130 Menschen vor den europäischen Toren ertrunken sind, weil die italienischen und maltesischen Behörden sie über mehrere Tage nicht retteten. Dass sogar ein FRON-TEX-Flugzeug vor Ort war, aber dennoch nichts passierte. Oder dass die Besatzung der Ocean Viking nicht rechtzeitig bei dem Seenotfall eintreffen konnte und nur noch auf ein Meer voller Leichen stieß.

Jedes weitere Rettungsschiff ist wichtig und jede Solidaritätsbekundung notwendig. Doch das letzte Jahr hat erneut gezeigt, dass wir einen Schritt weiter gehen müssen, wenn wir dem politisch gewollten Sterbenlassen an Europas Grenzen ein Ende setzen wollen. Wir müssen endlich anfangen, konsequenter Haltung zu zeigen und zu handeln. Auf öffentliche Äußerungen zur Situation im Mittelmeer folgt in der Regel Gegenwind. Oftmals gleicht die öffentliche Debatte über ertrinkende Menschen einem Tischtennisspiel –nur dass statt mit einem Ball mit Menschenleben gespielt wird. Bei Diskussionen in den sozialen Netzwerken oder am Küchentisch könnte man meinen, es werde über die Fracht eines Containerschiffes gesprochen, welche lieber woanders als in den heimatlichen Häfen abgeladen werden soll. Und in der Politik wird darüber debattiert, ob man sich jetzt für oder gegen Seenotrettung einsetzen sollte, anstatt dafür zu sorgen, Menschen in Europa willkommen zu heißen. In solchen Debatten heißt es: Haltung zeigen! Es heißt, mutig und ausdauernd zu bleiben und sich nicht einschüchtern zu lassen. Die Kirche darf dabei keine Angst vor ungemütlichen Konfrontationen, verärgerten Austritten und anhaltendem Gegenwind haben. Wenn Menschen ihr Recht auf Flucht verwehrt wird und wenn die Politik ein

Grenzregime der Abschottung betreibt, um die Privilegien Europas aufrechtzuerhalten, dann muss die Kirche viel konsequenter Position beziehen und ihrem prophetischen Auftrag gerecht werden: unbequem bleiben, sich empören und Widerstand leisten. Es ist an der Zeit, dass die Kirche konsequenter Haltung zeigt, weil sie das in ihrer Geschichte oft zu wenig getan und sich ihrer historischen Verantwortung entzogen hat. Wer Nächstenliebe predigt, kann Menschen in Not nicht aussperren oder gar ertrinken lassen. Der Grundsatz, dass jeder Mensch gleich ist, muss sich endlich auch in der öffentlichen Haltung der Kirche widerspiegeln, und sie muss anfangen, konsequent für diesen Grundsatz einzustehen, und sich vor allem dann zu empören, wenn mit diesem Grundsatz immer und immer wieder an den europäischen Außengrenzen gebrochen wird.

Die Kirche hat noch heute eine enorme Wirkung auf die Gesellschaft und muss den Weg zu einem vielfältigen Europa mitgestalten. Im letzten Jahr hat sie gezeigt, dass sie große solidarische Kräfte mobilisieren kann und sich dort aktiv engagiert, wo die Politik schon seit langem versagt. Weil das aber noch lange nicht ausreicht und es auch in Zukunft mutigen Widerstand brauchen wird, lasst uns gemeinsam Haltung zeigen – mutig, empört und laut. Denn wenn es eine Handvoll Menschen, die 2015 Sea-Watch gründeten, es geschafft haben, Rettungsschiffe im Mittelmeer zu betreiben, wozu könnte dann die evangelische Kirche mit ihren zahlreichen Gemeinden in der Lage sein?

Mattea Weihe studierte Freie Kunst, Islamwissenschaft und Friedensforschung in Hamburg, Istanbul und Beirut. Nachdem sie sich als Deutschdozentin in der Geflüchtetenarbeit engagierte, war sie 2018 als Interkulturelle Mediatorin das erste Mal an Bord der Sea-Watch 3 und dort für den Kontakt zwischen den Menschen in Seenot und der Schiffsbesatzung zuständig. Seit Sommer 2020 ist sie Pressesprecherin im Berliner Büro.

»Mission und Diakonie«

Wir bezeugen Jesus Christus in der Welt. Die evangelische Kirche lädt alle Menschen ein, Gottes Absicht mit seiner Welt (missio dei) zu entdecken und mit Leben zu füllen. Die Identität unserer Gemeinschaft liegt darin, dass wir Gottes Versöhnung in Jesus Christus annehmen, ihm ‚mit Herzen, Mund und Händen‘ danken und die Schwachen und Bedrückten in den Mittelpunkt stellen. Gott will, dass alle Menschen gerettet werden (1 Tim 2,4). Die Kräfte und Möglichkeiten der Kirche als einer menschlichen Einrichtung bleiben dabei begrenzt. Aber weil uns die Liebe Gottes drängt, geben wir in Wort und Tat Gottes Liebe weiter, gemeinsam mit der Diakonie und auch mit Partnern außerhalb der Kirche. Weil wir seinem Evangelium vertrauen, bezeugen wir seine Gegenwart und laden zum Glauben ein.

Wenn Kirche mutig wird …

Jonas Wunder

Wie die Kirche im Jahre 2030 aussehen sollte, lässt sich aus meiner Sicht nicht pauschal beantworten. Diese Fragestellung ist sehr komplex. Eine angemessene Antwort bedarf unterschiedlichster Perspektiven und bliebe dabei immer bruchstückhaft. In diesem Artikel möchte ich jedoch zumindest einer Spur, die mir persönlich sehr am Herzen liegt, folgen.

Die Zukunft gelingt nur durch die Brille der Gegenwart. Im ersten Schritt ist es also notwendig, sich den aktuellen gesellschaftlichen Kontext und die damit zusammenhängende Situation der Kirche zu vergegenwärtigen. Wenn man versuchen würde, eine Außenperspektive auf unsere Welt zu gewinnen, so würde man feststellen, dass wir Menschen uns ganz offensichtlich in einer Zeit befinden, die geprägt ist von großen Veränderungen. Man spricht von einem Übergang in ein neues gesellschaftliches Paradigma. An drei Phänomenen wird diese Entwicklung deutlich: Individualisierung, Pluralisierung und Vernetzung/Globalisierung. Die eigene Person wird mehr und mehr zur wichtigsten Instanz für zentrale Lebensentscheidungen. Die Bedeutung des eigenen Subjektes wächst immer weiter an. Menschen stehen vor scheinbar unendlichen Wahlmöglichkeiten, sodass es einheitliche, verbindliche Wahrheiten und

Lebenswege nicht mehr zu geben scheint. Und nicht zuletzt sind wir alle Teil eines riesigen komplexen Netzwerkgefüges, welches unser soziales Leben maßgeblich beeinflusst. Diese drei offensichtlichen Veränderungen vollziehen sich in einem kontinuierlichen und gleichzeitig in sich fluiden Prozess. Unsere Gesellschaft formt sich um, vielleicht sogar neu. Die Kirche als sozialer Akteur wird durch diesen Wandel in besonderem Maße herausgefordert. Sie befindet sich aktuell nicht nur in Zeiten des Umbruchs, sondern ist selbst mitten im Umbruch. Sie verliert mehr und mehr an Relevanz, die Kirchenaustritte nehmen zu. In absehbarer Zeit wird sie ihren gesellschaftlichen Status als einflussreiche Großinstitution verlieren. Vielen bereitet diese Entwicklung Angst, und sie zwingt die Kirche zum Aktivwerden.

Ich möchte mir an dieser Stelle keineswegs anmaßen, perfekte Antworten, geschweige denn einen Generalschlüssel für die Lösung der Probleme zu besitzen. Ich möchte auch keine plakativen Vorschläge anbringen, die schon viele Experten vor mir diskutiert haben. Solchen großen Fragen kann man immer nur demütig und im Bewusstsein der eigenen Ergänzungsbedürftigkeit begegnen. Was ich jedoch probieren will, ist, einen Ansatz zu finden, wodurch die Kirche all diese Veränderung annehmen und umsetzen kann. Wie Kirche im Jahre 2030 aussehen wird, hängt vor allem davon ab, mit welcher Grundeinstellung bzw. Ausrichtung man der Zukunft entgegengeht.

Ich wünsche mir eine mutige Kirche. Und zwar jetzt in der Gegenwart sowie auch in der Zukunft. Mut haben meint nicht, in einen blinden Aktionismus zu verfallen, der die

Konsequenzen seines Handelns nicht im Blick hat, wie man es fälschlicherweise unterstellen könnte. Mutig sein lässt sich auch nicht auf jeden Kontext gleichermaßen übertragen. Hinter dem Begriff »Mut« steht vielmehr eine »Herzenshaltung«, aus der eine Sehnsucht erwächst, mit der man sich auf das freut, was die Zukunft für einen bereithält. Die Kirche der heutigen Zeit befindet sich unweigerlich in einer sehr herausfordernden, wenn nicht sogar existenziellen Situation. Das führt zwangsläufig zu Maßnahmen. Der Rückbau von Strukturen ist unausweichlich, um eine Transformation gut gestalten zu können. Gleichzeitig ist es aber auch notwendig, neue Wege zu gehen und innovative Formen von Gemeinde zu erproben. Das alles gelingt nur, wenn wir als Kirche eine mutige Grundeinstellung haben. Der Theologe Paul Tillich meint genau das, wenn er vom »Mut zum Sein« spricht. Er nennt es auch die »Selbstbejahung des Seienden trotz des Nichtseins«. Damit macht er deutlich, dass Mut haben heißt, Bedrohungen und Unsicherheiten in die eigene Existenz aufzunehmen. Wenn Kirche also den bevorstehenden Wandel, der zu Recht Bedenken und Angst auslöst, mit in sich aufnimmt und als Teil ihres Seins versteht, dann werden Veränderungen nicht mehr als Gefahr, sondern vielmehr Chance begriffen. Wenn ich im Jahre 2030 auf das Heute zurückblicke, dann sehe ich keine eingeschüchterte, zurückgezogene Kirche, sondern eine Kirche, die sich etwas traut, Neues wagt und mutig auf Christus zu geht, der ihr aus der Zukunft entgegenkommt.

Insbesondere in den Aufgabenbereichen bzw. Themenfeldern Mission und Diakonie scheint eine mutige Haltung unabdingbar zu sein. Beides gehört zu der DNA von Kirche. Ohne sie wäre die Kirche in dieser Welt praktisch nicht vorhanden. Sie ist ihrem Wesen nach Mission. Anteil zu haben an der »missio Dei« (Sendung Gottes), den Menschen das Evangelium zu bringen und ihnen eine Begegnung mit Jesus zu ermöglichen, darin liegt ihre Berufung. Unter Diakonie versteht man den sozialen Dienst der Kirchen, dessen Auftrag gelebte Nächstenliebe ist. Sie zielt darauf ab, Menschen in ihrer Not beizustehen und ihnen die Hilfe zukommen zu lassen, die sie benötigen. Sowohl bei Mission als auch bei Diakonie handelt es sich um etwas Aktives. Das gelingt in der Praxis allerdings nur, wenn Kirche bereit ist, sich radikal auf die Menschen vor Ort mit ihren Problemen und Bedürfnissen einzulassen. Dazu braucht es viel Mut. Kirche muss lernen, neu hinzuhören und hinzugehen, raus aus den konventionellen Kirchenstrukturen und Gebäuden mutig auf die Menschen zu. Sie muss ihnen dort begegnen und da anknüpfen, wo sie »zu Hause« sind. In der Fußgängerzone, auf dem Marktplatz, im Café, auf dem Spielplatz, im Digitalen und an vielen anderen Orten – dort, wo das Leben stattfindet. Aus einer Kirche, die darauf wartet, dass jemand kommt, wird eine Kirche, die lernt zu den Menschen hinzugehen. Aus der Komfortzone heraus in die Milieus hinein. Mutig entwickelt die Kirche für Morgen eine missionale Haltung, wodurch der Mensch wieder neu in den Fokus rückt. Entscheidend ist für mich also nicht, wie konkret Kirche im Jahr 2030 aussehen wird, sondern wie sie den Weg dorthin gegangen ist und mit welcher Haltung sie die Veränderungen bewältigt hat. Ich glaube und bete, dass eine Kirche, die neuen Mut entwickelt und die Menschen neu in den Blick nimmt, ganz automatisch die richtige Gestalt und Form für die Zukunft finden wird.

 **Jonas Wunder** ist Absolvent des Theologischen Studienzentrums Berlin (TSB), B. A. »Theologie, Sozialraum und Innovation«, und Mitarbeiter im Innovationsprojekt »MUT« der Evangelisch-Lutherischen Kirche in Bayern.

Mission und Diakonie verorten –
Ein Plädoyer für den Kirchenraum

Christoph Naglmeier

Wenn ich an Mission und Diakonie denke, fällt mir zuerst die grundlegende Verwiesenheitsstruktur unseres Lebens ein. Das Dasein der gesamten Schöpfung ist auf einen Gott verwiesen, der nach christlichem Verständnis der Ur-Grund allen Seins ist. Es ist ein Gott, der mit seinem schöpferischen Wirken einen Raum eröffnet, welcher der Schöpfung und damit auch uns immer schon vorausgeht. Diese Tatsache sollte sich auch in den Kirchenräumen widerspiegeln. Auch die Kirche – in diesem Text ökumenisch verstanden – versteht ihre Existenz als eine, die sich nicht sich selbst zu verdanken hat, sondern die ihren Daseinsgrund von Gott her bezieht. Dieses passive Element des Verdankt-Seins unseres Lebens, das uns ungefragt und ohne Gegenleistung, sozusagen gratis, geschenkt ist, macht auch die Grundstruktur der Kirche aus. Sie verweist auf etwas Größeres, auf Gott. Als begrenzte Institution macht sie die Botschaft eines grenzenlosen Gottes in der Welt sichtbar. In dieser Hinsicht sind auch Mission und Diakonie zu verstehen.

Die Mission der Kirche ist an die Mission Gottes, die missio Dei, gekoppelt. Diese Mission Gottes, sich der Schöpfung zuwendend zu offenbaren, ist die eigentliche Mission. Sie ist der Grund allen missionarischen Handelns

kirchlicher Institutionen. Damit ergibt sich eine Verschiebung, die im Alltäglichen nicht unbedingt offensichtlich
wird: Die Kirche missioniert nicht um ihrer selbst willen,
sondern sie partizipiert an der missio Dei, die angesichts
der Begrenzt- und Beschränktheit menschlicher Hand-
lungsweisen nie vollständig von der Kirche repräsentiert
werden kann. Und dennoch kann Kirche gar nicht anders,
als missionarisch zu sein, weil sie sich selbst der missio
Dei zu verdanken hat. Ebenso kann sie nicht anders, als
diakonisch zu sein. Denn die Diakonie kommt von einem
Gott, der sich in der missio Dei durch Jesus Christus selbst
geoffenbart hat: »Der Menschensohn ist nicht gekommen, sich bedienen zu lassen, sondern um zu dienen.«
(Markus 10,45) Das Motiv des Dienens im Sinne einer
Pro-Existenz, also dem Dasein für andere, ist im Christentum tief eingeschrieben. So erlangten frühchristliche
Bewegungen Aufmerksamkeit vor allem dadurch, dass sich
die Gemeinschaft durch die soziale Dimension auszeich-
nete. Das Brot wurde nicht nur symbolisch in erinnernder
Vergegenwärtigung des Handelns Jesu geteilt, es wurde
auch ganz praktisch direkt mit allen geteilt, sodass in der
Gemeinschaft niemand hungern musste.

Zurück zum Kirchenraum: Für die Kirche der Zukunft
besteht der Auftrag, bei den unausweichlichen Sparmaß-
nahmen und Umstrukturierungen nicht das aus den Augen
zu verlieren, was ihre Existenz wesentlich ausmacht: Gottes Zuwendung zur Schöpfung im Dienst an den Mitmen-
schen und der Umwelt sichtbar und erfahrbar zu machen.
Angesichts der schwindenden Mitgliederzahlen und des

Relevanzverlustes stellt sich vermehrt die Frage nach den Kirchengebäuden, die in ihrer klassischen Funktion als Versammlungsort für Gottesdienste an Bedeutung verlieren. Gerade im Hinblick auf Mission und Diakonie ergibt sich durch die Kirchenräume die Möglichkeit der Verortung dieser wesentlichen Grundaufträge. Kirchenräume, die nicht exkludierend verschlossen werden, um den Bestand zu schützen, sondern sich öffnen, sind die Zukunft. Nicht resignierend auf-geben, sondern frei-geben. Nicht meinen zu wissen, was gebraucht wird, sondern sich von den Menschen sagen lassen, was gebraucht wird. Damit nimmt Kirche eine Haltung ein, die dienend den Bedürfnissen der Menschen gerecht wird und gerade damit missionarisch handelt. Die katholische Kirchengemeinde St. Maria in der Stuttgarter Innenstadt hat es vorgemacht. Unter dem Motto »Wir haben eine Kirche, haben Sie eine Idee?« stellt sie den Kirchenraum den unterschiedlichsten Projekten und Gruppen zur Verfügung. Ob als Raum für Zuflucht, Kunstprojekte, Gesprächsabende, Kulturveranstaltungen oder als Ideenwerkstatt, Treffpunkt und Begegnungsraum. Der Raum verliert dadurch nicht seine kirchliche Prägung, im Gegenteil: Durch diese Öffnung lädt Kirche ein, ihre Räume unter christlichen Vorzeichen neu zu entdecken und mit-zuprägen.

Für die Kirche der Zukunft wünsche ich mir, dass sie die Veränderungen nicht als Abbrüche hinnimmt, sondern die Umbrüche als Chancen annimmt und dabei ihren missionarischen und diakonischen Wesenskern wahrt. Das zeigt sich exemplarisch am Umgang mit Kirchengebäuden. Wie kann die Nutzung nicht besitzgeizend beschränkt, sondern besitzfreigebend entschränkt werden? Indem darauf vertraut wird, dass mit Diakonie und Mission den Menschen nicht etwas gebracht wird, was sie vorher nicht hatten, sondern sichtbar gemacht wird, was durch Gottes Gnade schon da ist. Das sollte zu einer motivierten Gelassenheit kirchlicher Akteur*innen führen, die von einem starken Vertrauen in die missio Dei geprägt ist. Durch das Freigeben des Kirchenraums wird auch die Botschaft freigegeben, nicht aufgegeben. Damit kann sich etwas verändern, ohne dabei zu verschwinden.

Christoph Naglmeier, Mag. Theol., Jahrgang 1996, ist wissenschaftlicher Mitarbeiter und Doktorand an der Professur für Pastoraltheologie und Homiletik der Fakultät für Katholische Theologie der Universität Regensburg. Außerdem ist er Redaktionsmitglied des Theologie-Blogs »y-nachten.de«, der wissenschaftlich Nachwachsenden aller Disziplinen eine Plattform für essayistisches Publizieren bietet. In seiner Forschung beschäftigt er sich mit Gegenwartsanfragen an kirchliches Handeln und der Rolle von Religiosität in Städten.

Verbindend und überwindend: Kirchenmusik als Chance

Isabelle Grupe

Eine Kirche 2030, die Gottes Liebe in Wort und Tat in die Welt trägt, ist für mich eine Kirche, in der vielfältige Musik die Seele zum Klingen bringt, verschiedenste Menschen beteiligt und Brücken baut.

Denn: Musik erreicht Menschen. Sie ist unmittelbar, ein Medium, mit dem man direkt und ohne Umwege Emotionen hervorrufen und erleben kann. Das ist eine Fähigkeit von großer Bedeutung: Musik kann Brücken bauen, Menschen verbinden und zu Gemeinde werden lassen. Bereits im gut bekannten Kanon heißt es: »Wo man singt, da lass dich ruhig nieder«, und diesem Leitsatz folgen viele singbegeisterte Menschen in unseren Chören.

Konzentration – Mission – Haltung

Zugleich ist Kirchenmusik für die »innere Mission« ihrer Mitglieder bedeutsam und kann weite Kreise ziehen: Im Laufe der oft langfristig angelegten kirchlichen Musikprojekte entwickeln die Singenden und Musizierenden eine Haltung zum Werk und bilden sich so selbst kirchenmusikalisch weiter. Kirchenmusikalische Werke sind ebenso wie geistliche Texte ein Glaubenszeugnis der KomponistInnen, die den zugrunde liegenden Text nach ihrem Glaubensverständnis interpretierten oder manchmal auch ohne Wort-Grundlage ihren Glauben in Musik gefasst haben. Durch die im Laufe der Proben immer tiefer werdende Beschäftigung mit diesem musikalischen Werk, durch das musikalische Erlernen und die thematische Erfassung desselben, wird sich ihm zudem von einer anderen Seite genähert: Es wird persönlich, es wird zur eigenen inneren Mission gemacht. Außerdem kann Kirchenmusik die Emotionen ihrer Mitwirkenden befreien und somit durchaus auch therapeutisch wirken. Nicht zuletzt deshalb heißt es: »Ich singe dir mit Herz und Mund« – wenn das Herz klingt, dann kann der Mund nicht schweigen.

Beteiligung und Aktivierung

Das Potenzial der Kirchenmusik ist neben der kurzfristig herstellbaren Begeisterung der Zuhörenden auch ein längerfristiges und inneres: Viele Mitwirkende werden über lange Zeiträume in der Kirche aktiv. Diese Beteiligung und Aktivierung ist ein bis tief in die ländlichsten Breiten der Flächenländer greifendes Phänomen: Selbst viele kleinere Orte haben ihren eigenen Chor oder Singkreis, ihre eigenen musikalischen Gruppen.

Außerhalb des Chores und der anderen musikalischen Gruppen wirkt die Gemeinschaftserfahrung weiter, vielfältige Kontakte werden im gemeindlichen und übergemeindlichen Umfeld geknüpft: Das beginnt mit dem klassischen Konzert und endet nicht mit dem Plakateverteilen (»Ach,

Sie sind von der Kirchengemeinde? Hm, mit Kirche habe ich es nicht so, aber das ist ja schöne Musik, die Sie machen – das Plakat hänge ich gerne auf!«), sondern reicht bis weit in den Alltag der Chorsänger und Chorsängerinnen hinein (»Du singst im Chor? Das hätte ich ja nicht gedacht.«). Mit jeder Orgelführung, jedem Musikvermittlungsprojekt, mit jeder kirchenmusikalischen Aktion wird nicht nur die Musik, sondern direkt oder indirekt auch Kirche vermittelt. Durch Interaktionen unterschiedlicher Art strahlt Kirchenmusik weit über ihren unmittelbaren Wirkungsbereich Kirche hinaus und zieht insbesondere durch persönliche Kontakte ZuhörerInnen und Interessierte an, die sonst oft nicht mit Kirche in Verbindung gekommen wären und doch auf einmal zu Teilhabenden, bestenfalls sogar zu Mitwirkenden geworden sind.

Durch Mut und Kreativität zu einer begeisternden Musik

Ein besonderer Schatz der Kirchenmusik ist ihre stilistische Vielfalt. Für eine Kirche 2030 wünsche ich mir, dass das aktive Nebeneinander verschiedener Stilrichtungen auch innerhalb der Kirchenmusik immer selbstverständlicher wird. Noch mehr Mut und Kreativität im Ausprobieren, was Musik noch alles kann, wünsche ich mir in einer Kirche 2030: Lesungen mit Orgelimprovisation, Crossover von Alter und Neuer Musik – interessante Ideen werden oft mit faszinierten Gemeindemitgliedern belohnt!

2030? Starke Kirchenmusik!

Zusammenfassend lässt sich sagen, dass eine starke Kirchenmusik auch 2030 eine große Rolle einnehmen sollte: eine Kirchenmusik, die den großen Schatz ihrer Traditionen bewahrt, sich weiterhin auch der modernen Musik widmet und verschiedenste Menschen anspricht und einbindet.

Von einer Kirche 2030 wünsche ich mir, dass die große Chance der Kirchenmusik, Gemeinschaft erfahrbar zu machen, auf allen strukturellen Ebenen aktiv in den Blick genommen und stets mitgedacht wird. KirchenmusikerInnen sind als eine der Berufsgruppen, die in Kontakt mit sehr vielen Gemeindemitgliedern treten, stets als AnsprechpartnerInnen mitzudenken und in ihren Gestaltungsräumen als MultiplikatorInnen wahrzunehmen, zu unterstützen und einzubinden.

Eine starke Kirche 2030 sollte meiner Meinung nach den Einsatz der vielen Neben- und Ehrenamtlichen würdigen sowie in die Nachwuchsgewinnung investieren: Mit (Kirchen-)Musikvermittlungsprojekten wird nicht nur Interesse bei möglichen neuen KonzertbesucherInnen geweckt, sondern auch Orgel- und Chorleitungsnachwuchs gewonnen, mit der Förderung der Ausbildung gewinnt man potenzielle neue MultiplikatorInnen. Großartige Projekte können entstehen, wenn viele Haupt-, Ehren- und Nebenamtliche ihre vielfältigen Sichtweisen und ihre Kompetenzen einbringen.

Und im Jahr 2030 wird – wie bereits auch jetzt – Musik in der Kirche ein Zuhause für die Gemeinschaft der Musizierenden und Hörenden bieten.

Text: Paul Gerhardt 1653/Melodie: Nun danket all und bringet Ehr (Nr. 322)/ Satz: Johann Crüger 1653

Im Alter von 15 Jahren erhielt **Isabelle Grupe**, 1995 geboren, ihren ersten Orgelunterricht und damit den ersten Einblick in die Welt der Kirchenmusik, die sie damals faszinierte und noch immer begeistert. Wenig später folgten erste Chorleitungserfahrungen. An ein Bachelorstudium der evangelischen Kirchenmusik an der Hochschule für Musik, Theater und Medien Hannover schloss sich nahtlos der Master an. Neben dem Studium ist Isabelle Grupe bereits als Kantorin in der St.-Martins-Kirchengemeinde Hannover-Linden tätig.

5. Leitsatz

»Ökumene«

Wir stärken die Ökumene. Die evangelische Kirche arbeitet eng und vertrauensvoll zusammen mit christlichen Kirchen und Gemeinschaften in Deutschland und weltweit, die den Glauben an Jesus Christus teilen. Dabei bringt sie ihr reformatorisches Profil ein. Das Ziel ist sichtbare Einheit in versöhnter Verschiedenheit. Da, wo die Kirchen an besonderen Orten eine gemeinsame Aufgabe haben – z.B. in Krankenhäusern, in Gefängnissen, bei der Bundeswehr –, bauen wir Doppelungen zügig ab. Wir stärken ein Handeln in gegenseitiger Stellvertretung und enger Verzahnung unserer kirchlichen Arbeit vor Ort und in weltweiten Bezügen. Gleichzeitig werden wir dadurch gestärkt, dass wir Kirche in ökumenischer Gemeinschaft sind.

Pole beieinanderhalten

Antonia Klumbies

Eine Kommilitonin unterhält sich mit mir über ihre neue Bekanntschaft. Nett ist er, groß auch, und man kann sich so wahnsinnig gut mit ihm unterhalten. »Ja, ich glaube, das passt schon ganz gut mit uns«, sagt meine Freundin. »Er ist halt katholisch. Da weiß ich noch nicht so genau, ob mich das stört.« Sofort höre ich mich murmeln: »Na, wenigstens ist er Christ. Ob er katholisch ist, ist doch heutzutage völlig egal. Man muss ja schon froh sein, wenn er überhaupt irgendwas mit Kirche zu tun hat.«

Wenigstens ist er Christ. – Ist der Minimalkonsens so etwas wie das neue Motto der Ökumene von morgen angesichts der religiösen und allgemeinen Pluralisierung unserer Gesellschaft?

Ein anderes Beispiel: »Es ist schon schlimm, dass Frauen in der katholischen Kirche von den Ämtern ausgeschlossen sind. Eigentlich haben wir Evangelische damit ja nichts zu tun, bei uns gibt es schließlich Pfarrerinnen und Bischöfinnen. Aber kein Mensch in Deutschland kann heutzutage noch zwischen evangelisch und katholisch unterscheiden, und deshalb treten die Leute auch aus unserer Kirche aus – wegen der Frauenproblematik oder dem Papst!« Also doch der Wunsch nach Abgrenzung und Unterscheidung der Konfessionen – auch in Zukunft?

Offenkundig liegt hier ein Spannungsverhältnis vor. Im Privaten läuft es auf das Christsein als kleinsten gemeinsamen Nenner hinaus. Beim Blick auf die Institution ist dann je nach Sachlage der Wunsch nach Differenzierung doch wieder präsent.

Christlich sein heißt, mit Spannungen leben und Polaritäten aushalten. In der evangelischen Tradition sind viele solcher Spannungen schon immer von Bedeutung gewesen. Wir leben in der Spannung zwischen einem »schon jetzt« und einem »noch nicht« des Reiches Gottes, diskutieren die Pole Körper und Seele und versuchen sie in einer Balance zu halten. Wir haben ein ordentliches Amt und betonen gleichzeitig das Priestertum aller Gläubigen. Wir sprechen von einer sichtbaren und einer unsichtbaren Kirche.

Doch was tun mit diesen Spannungen? Sollen wir sie ertragen oder verschweigen? Heißt das Ziel, sie aufzulösen oder beieinander zu halten?

Diese Frage stellt sich auch mit Blick auf die Ökumene. Vor allem in Zukunft. Denn das Grundproblem beim Thema Ökumene könnte lauten: Wird mit Spannungen trennend oder verbindend umgegangen? Die evangelische Antwort darauf scheint klar: »Das Ziel ist die sichtbare Einheit in versöhnter Verschiedenheit.« Das hört sich gut an. Oft bleibt mir aber unklar, was genau das jetzt und in Zukunft heißen soll.

Es klingt nach einem Paradox. Und sind wir nicht manchmal froh, dass man sich mal für die Einheit und mal für die Verschiedenheit entscheiden kann?

Wollen wir als Christ*innen in der Gesellschaft gehört werden, suchen wir nach einer starken Stimme der Einheit.

Bei einem schwierigen Thema wie der Öffnung kirchlicher Ämter für Frauen mag uns Evangelischen das Wort Verschiedenheit entgegenkommen. Doch auch hier gilt Johannes 7,53–8,1. Ökumene bedeutet aber: Die Probleme der anderen gehen mich an und betreffen mich, sodass man nicht einfach von »von den anderen und uns« sprechen kann. Zumindest, wenn man dem Leitsatz folgen möchte: »Streitigkeiten, Abgrenzungen und Profilierungsversuche auf Kosten anderer Konfessionen oder Kulturen schaden der Glaubwürdigkeit der gemeinsamen Botschaft.«

Gleichzeitig hebt Ökumene nicht die Vielfalt auf. Offenkundig geht es darum, beide Pole im Blick zu behalten: Einheit und Verschiedenheit. Gleichzeitig. In der ökumenischen Arbeit soll und muss es weiterhin darum gehen, Spannungen zu lösen und Grenzen zu überwinden. Die Aussage der EKD: »In einer globalisierten Welt ist die weltweite Ökumene eine Gemeinschaft, die konfessionelle, kulturelle und nationale Grenzen überwindet«, steht für dieses Verständnis. Das Phänomen der Spannung als solcher ist damit nicht aufgelöst. Und das ist gut so! Denn Spannung hält auch zusammen.

Ich würde sogar so weit gehen zu sagen: Wenn die Ökumene der Zukunft ihre Aufgabe darin sähe, Spannung zu beseitigen, dann wäre dies das Ende der ökumenischen Kommunikation. Wenn Spannungsverlust eintritt, hört die Kommunikation auf, dann gibt es keine Ökumene mehr.

Stattdessen hoffe ich auf eine Ökumene, in der die Pole beieinanderbleiben – auch in Zukunft. Besteht nicht gerade darin das Ziel von Ökumene? In Spannung vereint! Wenn wir zulassen, dass wir in Bezug auf Ökumene Spannungen in uns tragen, kann das eine Chance sein, als Christenheit authentisch wahrgenommen zu werden.

Unser Leben ist immer voller Spannungen mit der Sehnsucht nach Ent-Spannung. Für Christ*innen ist diese Ent-Spannung kein irdisches Projekt, sondern eine eschatologische Perspektive. Aus dieser Hoffnung ziehen wir das Vertrauen, bis dahin unsere Spannungsverhältnisse zu gestalten.

Zurück zu den Beispielen vom Anfang. Als ich in Jerusalem studierte, trug ich die Spannung zwischen dem Gefühl von »Wenigstens ist sie auch Christin« und »Das ist auch christlich? Das ist mir fremd!« oft in mir. Irgendwann habe ich für mich erkannt, dass gerade diese Vielfalt zu einer bunten Sichtbarkeit der Christ*innen in der Stadt beigetragen hat.

Antonia Klumbies, Jahrgang 1996, ist Studentin der Evangelischen Theologie an der Universität Heidelberg. Zuvor studierte sie in Tübingen und Münster sowie als DAAD-Stipendiatin im Rahmen des ökumenischen Theologischen Studienjahres in Jerusalem. Derzeit schreibt sie an ihrer Examensarbeit zum Thema Digitales Abendmahl.
In Israel und Palästina hatte sie zahlreiche ökumenische und interreligiöse Begegnungen. 2020 war sie Stipendiatin der Evangelischen Akademie Frankfurt und arbeitet an einem Podcast zum Thema (Un)Gerechtigkeit.

Ist es so?
Christentum als Gegenkultur

Serafim Armanca

Es mag ja schwer zu begreifen sein, aber es gab irgendwann eine Zeit, als die Verbreitung einer Story nicht wie üblich durch like & share erfolgte, sondern von Mund zu Mund. An einem Tag in jenen Zeiten kam ein Mann ins Zentrum einer Stadt voll düsterer Atmosphäre – vielleicht auch mit sozialistischer Architektur – und begann, Passanten Geschichten über das Gute, über Wahrheit und Schönheit zu erzählen. Also, ganz boring und lame, wie viele Zwanzigjährige es bewerten würden. Nach ein paar Tagen verlor der Erzähler seine Zuhörer. Nach vielen, vielen Jahren wurde er wieder von einer (vermutlich nicht ganz so beschäftigten) Person angesprochen:

»Du bist immer da, schon seit meiner Kindheit! Was machst du da?«

»Ich erzähle Geschichten.«

»Und warum denn?«

»Am Anfang habe ich Geschichten erzählt, um die Welt zu ändern.«

»Und hast du es geschafft?«

»Nö.«

»Wieso erzählst du dann weiter?«

»Nun, ich erzähle nicht mehr, um die Welt zu ändern, sondern damit die Welt mich nicht ändert.«

So irgendwie geht diese Geschichte – eine Erinnerung aus meiner Kindheit. Wer sie mir erzählt hat, wo ich sie gehört habe, weiß ich nicht mehr, und auch Google konnte mir nicht sagen, woher sie stammt. Es ist letztendlich auch nicht wichtig.

Wichtig ist, wie ähnlich und doch wie anders unser Zustand als Christen und Christinnen ist. Genau wie der Erzähler standen auch wir einmal im Zentrum, und wir wollten die Welt verändern durch unsere Gute Nachricht. Vielleicht ist es uns – oder unseren spirituellen Ahnen – immerhin gelungen, den Zeitgeist anderer Epochen am Maßstab des inkarnierten Gottes auszurichten. Das passiert heute nicht mehr. Egal wie sehr wir versuchen, diese oder jene populäre Philosophie post-factum als eigentlich genuin christlich zu erklären, die Realität da draußen stellt ein immer entchristanisierteres Europa dar. Die Freiburger Studie wirft einen ebenso tristen Blick auf die Zukunft. Daher drängt sich die Frage nach der angemessenen Reaktion fast selbstverständlich auf. Wie reagieren wir als Christen und als junge Menschen?

Schreien wir unsere Erzählung heraus? Belehren wir die Massen von einer kaum erkannten Autoritätsposition herab? Oder schweigen wir, bis die Steine anfangen zu schreien? Grenzen wir uns von der Welt manichäisch ab?

Vor fast zehn Jahren lag mein Interesse bei der Frage, ob im Fußball irgendwann eine bessere Spielstrategie als

Tiki-Taka entwickelt werden wird. Zwischen zwei Champions-League-Spielen habe ich trotzdem ein Buch gelesen, das einen Ausweg aus dieser Zwickmühle wusste. Jean-Pierre Denis plädiert für eine Anerkennung des gegenwärtigen Zustandes des Christentums in der Kultur. Die Christen und Christinnen müssen sich mit der Tatsache abfinden, dass sie nicht mehr das Zentrum der Kultur, sondern nur die Peripherie belegen können, so der französische Journalist. In der Peripherie entwickelt sich demnach die Gegenkultur, die die dominanten Werte und Normen in Frage stellt, obwohl »der gegenkulturelle Christ ein sanfter Rebell und nicht ein Ideologe ist [...], ein kritischer Bürger, nicht ein Feind der Republik«. Je schneller man diesen Paradigmenwechsel verinnerlicht, desto mehr Frustration bleibt einem erspart.

Egal wie schwer es für viele sein mag, das Christentum ist meistens nicht mehr salonfähig. Die Versuche, es dazu durch Anschluss an beliebte Strömungen und Ideologien zu machen, sind in der Regel erfolglos, wenn nicht lächerlich. Dass viele von uns den eigenen Glauben stets rechtfertigen müssen, zeigen die Kommentarspalten im Internet, wo vor allem unsere Generation unterwegs ist. Ein Blick darauf verrät, dass der Glaube an sich als Ausrede für die Mitgliedschaft in einer Kirche nicht ausreicht und die Gemeinnützigkeit der Institution – sprich die soziale Arbeit – vorangebracht werden soll.

Der Christ oder die Christin muss seine/ihre Position als Teil der Gegenkultur anerkennen und verinnerlichen. Ein Leben in der Gegenkultur bringt den Abschied von großer

Popularität und von Kirchenmitgliedszahlen als Argument für den eigenen Glauben mit sich. Was bietet eine solche Einstellung? Zuallererst: Man stellt seinen Glauben auf eine feste Basis, nicht auf Scheinsäulen. Weiterhin erlaubt die richtige Positionierung eine positive Sicht auf die Gesellschaft. Die Antwort der Christen auf die Entchristianisierung darf weder die Belehrung noch eine Verbotsforderung sein, sondern eine durch die Anwendung christlicher Prinzipien verstärkte Infragestellung: Ist es so?

What's next?

Dabei spielt es keine Rolle, wie viele Jahresringe der Baum hat. Mit tiefer Bedeutung sagt der Patriarch der Rumänisch-Orthodoxen Kirche, dass man in der Kirche keine Senioren hat, sondern nur junge Menschen verschiedenen Alters. Tatsächlich wird man erst dann alt, wenn die Bereitschaft zur Änderung, zum Kampf – zum spirituellen Kampf – verschwindet.

Was erwartet meine Generation von der Kirche? Die wenigen Jahre in Deutschland reichen leider nicht aus, um einen guten Überblick über die jungen Menschen von hier zu gewinnen. Vielmehr kenne ich die Erwartungen der jungen Rumänen, die sich vor allem eine kommunikativere Kirche mit strengeren moralischen Ansprüchen an sich selbst wünschen. Zwar verschwinden viele davon für eine Lebensweile aus den Gottesdiensten, sie hören aber nicht auf, Christen und Christinnen zu sein. Einige Jahre später, nachdem die Familie gegründet ist, kommen sie zurück und entdecken ihren Glauben wieder. Was ich hier als anekdotische Beobachtung erwähne, müsste allerdings empirisch belegt werden.

Ich würde mir demnach von meiner Kirche den Mut wünschen, ein derartiges Thema frontal anzusprechen. Die (Rumänisch-) Orthodoxe Kirche hat hier Nachholbedarf, vor allem in Bezug auf die kritische Jugend, die nicht unbedingt allen etablierten Sprach- und Ritualnormen folgt. Dabei sollte man trotzdem einer feinen Versuchung widerstehen: Man darf dadurch nicht in eine Identitätspolitik geraten, nach der wir immer mit Sicherheit Recht haben, nur weil wir jung sind. Schließlich haben wir z.B. alle jahrelang mehr Digitalisierung bei den Vorlesungen und Seminaren gefordert. Soll ich noch ausführen, wie begeistert wir nach drei Online-Semestern von digitalem Unterricht sind?

Die Berichterstattung über die Kirchenzukunft in Deutschland und anderen europäischen Ländern beschreibt ein düsteres Szenario, das oft an die schon lange überholten Prophezeiungen der Vertreter von Modernisierungstheorien aus den Siebzigerjahren erinnert. Die Kirche und die Religion seien bald Geschichte. Diese Meinung teile ich nicht. Es wäre trotzdem hilfreich, wenn wir den Besitzanspruch auf das Zentrum der Kultur aufgeben würden. Wir sind schon lange eine Gegenkultur. In Deutschland, in Rumänien, in Europa.

Serafim Armanca ist ein rumänischer Politikwissenschaftler und Theologe. Nach zwei Bachelor-Abschlüssen in diesen Bereichen in Cluj-Napoca (Rumänien) ist er dank eines Stipendiums von Brot für die Welt nach Deutschland gezogen, wo er vor kurzem ein Masterstudium in Politikwissenschaft und Religionswissenschaft (Begleitfach) an der Ruprecht-Karls-Universität Heidelberg abgeschlossen hat. Zu seinen Forschungsfeldern gehören der Populismus, die Demokratie in Mittelosteuropa und die Ökumenische Bewegung. Zurzeit entwickelt er im Team ein Projekt für die Demokratieförderung im Rahmen eines Stipendiums der Evangelischen Akademie Frankfurts.

6. Leitsatz

»Digitalisierung«

Wir wollen Kirche im digitalen Raum sein. Die evangelische Kirche ist auch im digitalen Raum zuhause. Wir setzen digitale Lösungen ein, um Menschen besser zusammenzubringen und zu erreichen, aber auch, um als Kirche besser und leichter erreichbar zu sein. In den digitalen Medien tauschen wir uns über unseren Glauben aus, feiern Gottesdienst, üben Seelsorge und stehen in Verbindung mit unseren kirchlichen Partnern weltweit. Wir bieten möglichst viele Kontakte digital und nutzerfreundlich an. Dabei achten wir besonders auf Teilhabechancen, Barrierefreiheit und Respekt für alle. Die Digitalisierung ist auch eine Chance für eine stärker vernetzte und effizientere Verwaltung. Zugleich sehen wir die kritische Mitverantwortung der Kirche für einen achtsamen und sozial verantwortlichen Umgang mit dem digitalen Wandel in unserer Gesellschaft.

Unser Gottesdienst

Vom (Nach)folgen

Veronika Rieger

Vor kurzem rief mir ungefragt im Vorbeigehen ein älterer Mann zu: »Schaun se mal von Ihrem Smartphone hoch, dann kriegen Se auch was mit von der Welt.« Ich stand in Frankfurt, unterwegs zum Studio des füreinander.streams, der zum digitalen Ökumenischen Kirchentag stattfand, und sammelte in meiner Instagram-Story Fragen für das kurz darauf stattfindende Podium zum Thema »Zukunft und Kirche«, die ich dann ins Gespräch mit einbringen würde. Die Frage, wer hier von welcher Welt nichts mitkriegt, lasse ich also offen.

Seit circa zwei Jahren bin ich aktiv in der digitalen Kirche, sie ist Teil meines geistigen Zuhauses geworden, und ich bin sehr dankbar, Teil von ihr zu sein. Denn wenn ich in ihr nicht ein Zuhause gefunden hätte, könnte ich nicht mit Sicherheit behaupten, dass ich überhaupt noch auf dem Weg ins Pfarramt oder anderweitig verbunden mit der Kirche wäre. Ich wusste eine Weile nicht, ob es in dieser Kirche für mich als queere, feministische Person einen Platz gibt. Dann habe ich meine Verbündeten und meinen Platz digital gefunden und so gestaltet, dass andere Menschen, die genauso daran zweifeln, ob sie in dieser Kirche willkommen sind, sich sicher sein können, immer mit offenen Armen empfangen zu werden.

Im digitalen Raum wird mir zugehört, ich werde ernst und beim Wort genommen. Was manch einer als die sich nur selbst stimulierende Bubble verschreien möchte, ist mir heilig. In diesem digitalen Raum bilde ich mich weiter, höre zu, werde inspiriert, reflektiere mich, werde auf Fehler hingewiesen und lerne immer wieder von Menschen, die überall verstreut leben. Meine Bubble, also die Menschen, die sich wie ich für ähnliche Themen einsetzen und interessieren, ist mir wertvoll und wichtig, denn in ihr habe ich Rechte, die ich im analogen Leben noch immer hart erkämpfen muss. Niemand fragt, ob ich bald gedenke, Kinder zu bekommen, und gibt mir deswegen einen Job nicht. Die vielfältigen Geschlechter sind gut verteilt, und der geschwisterliche Einsatz für gleiche Rechte aller wird dort groß geschrieben.

Meine digitale Arbeit wäre sinnlos ohne meine Bubble. Die digitale Arbeit von mir und einigen Kolleg*innen lebt von realem Austausch auf Augenhöhe mit flacher Hierarchie. Ich sage bewusst Arbeit, denn auch wenn mir mein Engagement auf Instagram und TikTok wirklich viel Freude bereitet, habe ich klare Ziele dafür und investiere bewusst Zeit und Ressourcen. Als ich angefangen habe über meinen Glauben zu bloggen, geschah das aus der Feststellung heraus, dass ich immer als der Sonderfall wahrgenommen werde. In der Kunstszene reagierten Menschen immer mit Erstaunen, als sie erfuhren, dass ich Pfarrerin werde, in der Kirche schlug mir ein leichter Schock entgegen, als Menschen erfuhren, dass ich queer bin, und in der queeren Szene sah ich all die Verletzung, als Menschen erfuhren, dass ich in der Kirche arbeiten möchte. Und alle hatten Fragen über Fragen. Und ich stand als Grenzgängerin immer zwischen den Stühlen und beschloss, mehr darüber zu sprechen, wieso queer, Kunst, Kirche und politisches Engagement hervorragend zusammenpassen und warum und wie in allem, was ich tue, mein Glauben einen Anteil hat.

Wir Menschen, die Kirche sind, unser Glaube und G*tt sind schon lange im Netz. In unserer digitalisierten Welt wäre es auch seltsam, wenn wir es nicht wären, denn die Kirche ist immer Teil dieser Welt, genau wie es die Digitalisierung ist. Der digitale Raum ist kein perfekter, aber ein real existierender, ebenso wie das analoge Kirchengebäude. Dabei ist jedes digitale Angebot ein neuer Spielraum und kein simpler Ersatz für Althergebrachtes. In neuen Räumen können Türen entdeckt werden, die zu Dialogen führen an digitalen und analogen Tischen – als Treffpunkte für Althergebrachte und Neugierige. Die digitale Kirche ist ein ganz neuer Treffpunkt, bei dem wir niemanden um die Schlüssel zum Gemeindehaus bitten müssen.

Ich möchte in einer Kirche leben und arbeiten, die das Prinzip »ecclesia semper reformanda« lebt und atmet, in der die Menschen mutig sind und Kirche immer neu denken, die im Gespräch bleibt und neue Spielräume aufgeschlossen erkundet.

Gerade weil die digitale Kirche großes Potenzial hat, ist es unerlässlich, dass kirchliche Amtsträger*innen digital sprachfähig sind. Es ist vollkommen normal, dass nicht alle Menschen der Kirche medienaffin, digital eloquent und für Social Media gemacht sind. Es sind ja auch nicht alle

Menschen musikalisch. Aber digitales Taktgefühl ist Trainingssache. Menschen mit digitalem Talent wiederum, die für die Kirche arbeiten, sollten für ihr digitales Engagement Stunden gestellt bekommen, um ihre Arbeit in der Kirche digital sicht- und fruchtbar machen zu können, ohne dass dies als kostenlose digitale Öffentlichkeitsarbeit für die Kirche angesehen wird.

Ich muss Sie enttäuschen, die digitale Kirche ist nicht die einfache Lösung für die sinkenden Mitgliedszahlen oder leeren Gottesdienste, auch wenn die Digitalisierung gern als Rettungsring für das Modell »Volkskirche« angesehen wird. Aber sie ist keine rettende Werbemaßnahme, um die althergebrachten Kirchenveranstaltungen endlich wieder zu füllen. Der schlecht besuchte Sonntagsgottesdienst wird auch dann noch schlecht besucht sein, wenn er eine mäßig geführte Facebookseite hat. Analoge Angebote werden nicht besser oder zielgruppenorientierter, wenn man sie 1:1 in Zoom überträgt. Sondern die digitale Kirche bietet einen gänzlich neuen Zugang und Spielraum mit neuen Formaten, die sich nicht einfach in eh schon bestehende analoge Formen pressen lassen – mit Inhalten, die relevant für die Community sind.

Wir alle wollen noch immer eine lebendige Kirche, die Platz für Menschen offen hält, die neugierig auf Gott sind. Wie schön ist es, dass wir genau diese Kirche digital und analog niedrigschwellig zeigen können. Die digitale Kirche ist eine Chance und bietet bereits jetzt eine geistige Heimat. Ich hoffe, dass diejenigen, die diesen digitalen Spielraum entdecken und ausbauen, in Zukunft ein bisschen mehr Anerkennung und Rückhalt aus den eigenen, analogen Reihen bekommen. Denn wir sind nicht nur »die mit den Smartphones«. Wir sind die Gesichter einer neuen Generation von Kirchengestalter*innen. Wir sind Botschafter*innen, Menschenfischer*innen, Dialogstarter*innen, Mediator*innen. Wir sind Bildhauer*innen eines neuen gesellschaftlichen Eindrucks von Kirche und ihren Mitarbeitenden. Wir sind schon längst da und leisten bahnbrechende Arbeit in den Spielräumen einer realen Welt, die wir analog und digital mit dem Evangelium füllen, das wir leben.

Veronika Rieger, geb. 1995, ist ausgebildete Notfallseelsorgerin, Theologiestudentin, queerfeministische Aktivistin und im Internet zuhause. Als @riegeros und als Mitglied des feministischen Andachtskollektivs bloggt sie über ihre Vision von Kirche und Gesellschaft und startet Dialoge über Grenzen und Gedankenbarrieren hinweg.

Digitalisierung an die Basis!

Elisabeth Schwarz

»Wir wollen Kirche im digitalen Raum sein.« So lautet der sechste der zwölf Leitsätze, sozusagen das sechste Ziel, welches 2030 erreicht sein soll.

Ein Teilziel hiervon ist bereits erreicht: Es gibt viele Menschen in der evangelischen und selbstverständlich auch in der katholischen Kirche, die im digitalen Raum Kirche sind. Unter den anderen Teilzielen, die der Leitsatz-Begleittext benennt, fehlen mir jedoch zwei Aspekte, die ich mit diesem Text in den Blick nehmen möchte, nämlich erstens die noch fehlende Masse sowie passende Formate für sie und zweitens der Übergang zwischen digitalem und analogem Raum.

1. Schnellboote unterwegs, Tanker noch im Manöver – stimmt der Kurs?

Wie gesagt, Kirche im digitalen Raum gibt es schon, nur: die Masse fehlt. Um in einem seit jeher bemühten Bild zu sprechen: Die Schnellboote sind unterwegs, mittlerweile auch große Schnellboote, aber der Tanker ist gerade erst dabei, die Richtung zu ändern. Ein solches Manöver mag Zeit kosten, aber die Frage, die bleibt, ist aus meiner Sicht: Schlägt der Tanker den richtigen Kurs ein?

Heute beantworte ich diese Frage mit »nein« oder, etwas schmeichelhafter, »noch nicht«. Spätestens 2030 muss hier ein »ja« die Antwort sein.

Meine aktuelle Antwort ist »nein«, weil in der Corona-Pandemie sichtbar wurde, dass die Masse, die gezwungen ist, digital zu arbeiten, einfach ihre analogen Formate übernimmt, filmt und ins Netz stellt. Kurz gesagt: Der aktuelle Kurs des Tankers, das Credo der Masse heißt »digitaler Raum = analoger Raum im Internet«.

Das ist aus meiner Sicht verständlich, und ich habe großen Respekt vor den Haupt- und Ehrenamtlichen, die mit hohem Einsatz so viele Livestreams und anderes auf die Beine gestellt haben. Aber Fernsehgottesdienste gibt es schon wesentlich länger als »Kirche im digitalen Raum«, und das eine hat mit dem anderen wenig zu tun, auch nicht, wenn man Fernsehen durch YouTube und einen Gottesdienst durch viele ersetzt.

Es fehlt aus meiner Sicht in der Breite an Formaten, die organisch zum digitalen Raum passen und die skalierbar sind. Sicher wird es nicht das eine digitale Format, analog zum Sonntagsgottesdienst im Kirchgebäude, geben. Aber eine Kirche 2030 braucht einige Optionen oder mindestens Ansätze und Leitlinien, wenn sie erfolgreich Kirche im digitalen Raum sein will und nicht ein digitaler Abklatsch ihrer Analog-Version. Eine Pfarrerin brachte es neulich auf den Punkt: »Das Dreieck bei der Predigt, zu dem das Publikum unweigerlich dazugehört, funktioniert einfach nicht, wenn ich vom Publikum nichts mitbekomme. Wie soll dann die Predigt funktionieren?«

Bei der Frage, wie solche Optionen aussehen können, bringen es für mich die drei Adjektive »kürzer, interaktiver und niederschwelliger« auf den Punkt, bisweilen wünsche ich mir auch mehr Unterhaltung. Dass es vereinzelt bereits Formate gibt, die genau das liefern, macht mich zuversichtlich, dass sich bis 2030 der Kurs des Tankers in puncto Formate anpassen wird. Aber: Selbst die besten Formate der Kirche im digitalen Raum werden die Kirche im analogen Raum nicht abschaffen. Zum Glück! Doch was ist mit dem Übergang dazwischen?

2. Der Übergang zwischen digitalem und analogem Raum

Vor einigen Jahren wurde ich gebeten, bei der Klausur einer Kirchengemeinde einen Impuls zum Thema »digitale Kirche« zu geben mit besonderem Fokus darauf, was die Gemeinde tun könne, um im digitalen Raum präsenter zu werden, mehr Leute zu erreichen und diese zum Besuch ihrer nicht-digitalen Formate zu bringen. Bei der anschließenden Arbeitsphase war auf einmal das Thema »Willkommensmanagement« der Schwerpunkt und digitale Öffentlichkeitsarbeit Nebensache – aus meiner Sicht völlig zu Recht!

Es nützt wenig, wenn die digitale Öffentlichkeitsarbeit gut funktioniert, aber die angeworbenen Personen im und nach dem Sonntagsgottesdienst ignoriert werden. Noch etwas zugespitzter: Es nützt wenig, wenn in der Online-Gemeinde Menschen ihren christlichen Glauben gefunden haben, aber beim Versuch, sich vor Ort taufen zu lassen, durch skeptische Blicke, verstaubte Formate oder Formalia direkt ins Zweifeln geraten. Eine Kirche im digitalen Raum braucht auch ihr analoges Pendant und vor allem brauchen beide die fließenden Übergänge. 2030 sollte es nicht mehr dezidiert die »Kirche im digitalen Raum« oder »Kirche im analogen Raum« sein, sondern nur noch »Kirche«.

Den Wunschzustand für 2030 könnte man wie folgt zusammenfassen: »Wir sind Kirche für alle – im analogen Raum, im digitalen Raum und im Raum dazwischen.«

Elisabeth Schwarz war in den Jahren 2015 bis 2020 Jugenddelegierte der 12. Synode der EKD als Vertreterin der Evangelischen Studierendengemeinden und ist seit 2019 Mitglied im Vergabeausschuss des Digitalinnovationsfonds der EKD. Im Rahmen ihrer Tätigkeit als Jugenddelegierte war sie u. a. an der Erarbeitung eines Strategievorschlags für die Kirche im Digitalen Wandel beteiligt. Elisabeth Schwarz ist Physikerin (M. Sc.) und arbeitet aktuell an einem Promotionsvorhaben.

7. Leitsatz

»Kirchenentwicklung«

Wir bauen Gemeinden. Die evangelische Kirche ist offen für neue Formen, gemeinsam christlichen Glauben zu leben. Gemeinden werden bunter und vielfältiger; die geistlichen Bedürfnisse und Erwartungen der Menschen unterschiedlicher. Die Nähe zu den Menschen bleibt für die kirchliche Arbeit vor Ort grundlegend. Gut ausgebildete Pfarrerinnen und Pfarrer und beruflich Mitarbeitende sind und bleiben dafür unverzichtbar. Es braucht starke Netzwerke, in denen Gemeinden regional eng und örtlich angepasst zusammenarbeiten. Der Wohnort wird aber zukünftig nicht mehr das einzige Kriterium für die Zugehörigkeit zu einer Gemeinde sein. Traditionelle »Zielgruppenarbeit« wird sich weiterhin wandeln und öffnen. Gemeinde als Sammlung um Wort und Sakrament soll dort eine geistliche Heimat bilden, wo Menschen zusammenkommen.

Gemeinsam im Glauben unterwegs: Wie Kirche in einer mobilen Gesellschaft aussehen kann

Selina Fucker

Ausbildungs- oder Studienwechsel, Beziehungen, Trennungen und Wohnortwechsel, das macht das Leben vieler junger Erwachsener aus. Wie viele meiner Freunde bin ich in den letzten Jahren mehrfach umgezogen. Auch sonst bin ich mobil und verbringe die Wochenenden meist nicht in der Stadt, in der ich unter der Woche lebe.

Parochiale Kirchenstrukturen sind bisher auf eine solche Mobilität nicht ausgelegt. Sie stammen aus einer Zeit, in der die Menschen ihr Leben an einem Ort verbrachten oder nur einmal umgezogen sind, um zu heiraten.

Heute erschwert das die Partizipation junger Erwachsener in Ortsgemeinden. Nach jedem Umzug braucht es Zeit, um Kontakt mit der Gemeinde aufzunehmen, Menschen in der Gemeinde kennenzulernen und passende Möglichkeiten zum Engagement in der Gemeinde zu finden. Je nachdem, wie offen die Gemeinde für neue Menschen ist, ist das ein Prozess, der im besten Fall Wochen oder manchmal sogar Jahre dauern kann. Ist aber bereits bekannt, dass in einiger Zeit wieder ein Umzug anstehen wird – z.B. wegen einer befristeten Tätigkeit, anstehendem Ausbildungsende oder einer Partnerschaft –, dann überlegen selbst Hochverbundene, ob es sich überhaupt lohnt, die neue Ortsgemeinde kennenzulernen. Auf diese Weise kommt es nach dem Auszug aus dem Elternhaus oder dem Studienabschluss zu einem Kontaktabbruch mit Kirche.

So ging es auch mir selbst. Beim ersten Umzug hatte ich mich noch entschieden, die neue Kirchengemeinde kennenzulernen. Als ich aber nach einem Jahr in der Gemeinde »angekommen war« und anfing, mich zu engagieren, wusste ich bereits, dass ich in den nächsten Jahren wieder umziehen werde. Nach dem nächsten Umzug entschied ich mich, in begrenztem Umfang in der alten Gemeinde engagiert zu bleiben, anstatt wieder eine neue Gemeinde kennenzulernen, in der ich wieder nur eine begrenzte Zeit leben würde. Da ich die Wochenenden aber häufig in einer anderen Stadt verbringe, reduzierte sich mein Kontakt zu dieser Gemeinde zunehmend.

Junge Erwachsene, die aus verschiedenen Gründen sehr mobil sein müssen, brauchen wie Menschen aller Altersgruppen Möglichkeiten, Gemeinschaft im Glauben trotzdem zu erleben. Als Kirche müssen wir daher überparochiale kirchliche Angebote schaffen, die flexible geistliche Gemeinschaft bieten. Diese können entweder auf Zeit angelegt sein oder grundsätzlich räumliche und zeitliche Flexibilität ermöglichen. Dass das gar nicht so kompliziert ist, wie es erscheint, zeigt sich allein dadurch, dass es solche Projekte bereits gibt. Die Creative Kirche bietet zum Beispiel Wohnzimmergottesdienste auf YouTube mit einem gemeinsamen Austausch per Videokonferenz im Anschluss, um die sich eine Gemeinschaft gebildet hat.

Ähnlich funktionieren beispielsweise auch digitale Hauskreise, die sich ausschließlich per Messenger oder Zoom austauschen. Beim Austausch über Messenger ist sogar eine asynchrone Gemeinschaft möglich, die sich an unterschiedliche Zeitbedürfnisse durch Arbeitszeiten und Care-Arbeit anpasst.

Aber auch regionale, moderne, von Ehrenamtlichen gestaltete Abendgottesdienste bieten ein geistliches Zuhause auf Zeit. Ein Beispiel hierfür ist das Format Ankerpunkt in Karlsruhe, das formal an eine Gemeinde angeschlossen ist, aber von und für junge Erwachsenen und junge Familien aus der ganzen Karlsruher Gegend gestaltet wird.

Weitere Angebote, z. B. bei einigen Kommunitäten, ermöglichen es festen Gruppen, sich an bestimmten Tagen oder Wochenenden zu treffen, um gemeinsam zu beten und Leben zu teilen.

Viele solcher Projekte wurden von der Zielgruppe selbst initiiert und werden ehrenamtlich geleitet. Sie brauchen von der Kirche als Organisation hauptsächlich ideelle Unterstützung, wie z. B. Angebote zur Fortbildung für ihre Ehrenamtlichen, und haben einen vergleichsweise geringen Finanzbedarf, vor allem dann, wenn sie keine (eigenen) Räumlichkeiten brauchen.

Hier sollte weiter angesetzt werden. Die strukturelle Unterstützung solcher Projekte braucht Förderprogramme, wie die Erprobungsräume der EKM, die sowohl finanzielle Unterstützung als auch fachliche Austauschmöglichkeiten bieten. Zudem wäre es wünschenswert, wenn es mehr überregionale und flexible Fortbildungsmöglichkeiten für

Ehrenamtliche gäbe, die im Hinblick auf die Gestaltung und Leitung von eigenen Angeboten weiterqualifizieren. Ein deutschlandweites Baukastensystem – mit Fortbildungsbausteinen wie z. B. Projektmanagement, Predigen, Ehrenamtliche gewinnen oder theologischen Themen – könnte es so ermöglichen, sich auch in einer durch Mobilität geprägten Lebensphase langfristig weiter zu qualifizieren und auch nach einem Umzug in eine andere Landeskirche bisher erreichte Qualifikationen nachweisen zu können.

Und die Ortsgemeinden? Auch sie können auf die gestiegene Mobilität reagieren, z. B. indem sie Neuzugezogene besonders begrüßen, eine Willkommenskultur in der Gemeinde pflegen oder Möglichkeiten für projektbezogenes, zeitlich begrenztes Engagement schaffen.

Selina Fucker, Jahrgang 1996, ist Sozial- und Kommunikationswissenschaftlerin und Theologiestudentin. Sie beschäftigt sich schwerpunktmäßig mit Kirchentheorie, digitaler Kommunikation des Evangeliums und digitalen Gottesdienstformen. 2017 ist sie im Alter von 20 Jahren in die evangelische Kirche eingetreten. Zusammen mit anderen jungen Erwachsenen gestaltet sie in ihrer Freizeit Gottesdienste für junge Erwachsene in Karlsruhe: https://ankerpunkt-ka.de/ Sie twittert unter @selinafui2

Wir bauen Gemeinde: nicht mit Buntglasfenstern, sondern mit Menschen

Elske Gödeke und Julia Grote

Elske: Oh, Jule. Ich mache mir echt Gedanken über die jungen Menschen, die ich aus meiner Arbeit kenne, die in zehn Jahren »Gemeinde bauen« sollen. Wirklich ... Also ich erlebe jetzt schon so eine riesige Frustration. Wir haben ein Gebäudemanagement, das Räume streicht, und als Erstes trifft es die Jugendräume. Wichtig ist, dass die Kirchen bleiben. Da wird so viel Kohle reingepumpt, damit es einmal in der Woche sonntagmorgens um zehn Uhr schön warm ist, damit drei Leute dasitzen und zuhören können, was Pastor*in XY ihnen so erzählt. Das erlebe ich für die Jugendlichen, die 2030 unsere Kirche gestalten sollen, als den absoluten killing point.

Jule: Ganz ehrlich, wir können so viel von »Gemeinde bauen« reden, wie wir wollen. Wenn's so weiterläuft, ist 2030 fast niemand mehr da. Und wie soll dann Gemeindebau funktionieren? Bauen und gestalten erfordert doch, dass Menschen aus der Passivität herauskommen und aktiv werden. Aber wer soll das sein, wenn so viele vergrault worden sind oder kein passendes Angebot mehr finden, bei dem sie sagen: »Hier ist mein Platz, hier möchte ich mich einbringen.«

Elske: Es ist wichtig, dass die Leute, die heute eine Heimat in einer Gemeinde haben, die sehr verbunden sind und die traditionellen Gottesdienstformate schätzen, auch einen Platz brauchen, das ist keine Frage. Aber: Diese Heimat ist nicht die der nachwachsenden Generation. Und wenn es so weitergeht, wird es 2030 niemanden Junges mehr geben, der*die Bock hat, etwas zu bauen. Ganz im Ernst – wir müssen uns vor Augen führen, dass unsere Mitgliederzahlen sinken, weil wir eben veraltet und völlig versteinert sind, weil wir in unseren Gebäuden festhängen, die nicht mal wärmeisoliert sind. Es gibt kein Angebot, das irgendjemanden so richtig zufriedenstellt.

Jule: Völlig versteinert – das trifft es. Die Bibel spricht doch von der Gemeinde als »Haus der lebendigen Steine«. Ich mag das Bild, dass ich in Gemeinschaft mit anderen und mit Jesus einen geschützten Ort habe, an dem ich im Glauben wachsen und leben kann. Aber was ist, wenn dieses Haus aus so riesigen Hinkelsteinen besteht, die so unbeweglich sind, dass ich dort keinen Platz finde. Das ist 'ne Challenge. Wenn so ein Haus dasteht, dann ist es da. Und wenn ich sehe, dass ich dort nichts bewegen kann, dann mühe ich mich doch nicht ab.

Elske: Häuser sind dir also zu starr?

Jule: Und zu unflexibel!

Elske: Was wäre denn deine Idee?

Jule: Wenn ich meinen Spinnereien im Kopf freien Lauf lassen darf ..., dann denke ich an Wurfzelte oder Pavillons.

Elske: Die sind viel flexibler und schneller. Aber hat dann jede Person ein individuelles Zelt? Wo ist das verbindende Element?

Jule: Die Menschen finden sich in Zeltstädten zusammen, können nach Bedarf ihre Pavillons und Zelte verbinden, aber auch genauso entkoppeln und weiterziehen. In der einen Zeltstadt gibt es nur Jugendliche, in der nächsten viele Familien. Eine andere ist kulturell geprägt. Und doch stehen alle auf der gleichen Erde unter demselben Himmel.

Elske: Und hast du da strukturelle Vorstellungen? Das klingt echt nach Fantasie ...

Jule: Vor allem die starren Strukturen sind genau das, woran wir aktuell immer wieder scheitern. Ich fände es so schön, sich von diesen befreien zu können, beweglich zu bleiben und gleichzeitig vielfältige Profile von christlich gelebtem Glauben auszubilden und auszuprobieren. Wir können gerne an Bewährtem festhalten und Neues wagen. Aber bitte die Dinge, die nicht mehr gefragt sind: weg damit! Wie das im Fall von Sonntag-zehn-Uhr-Gottesdiensten aussieht, wissen wir alle, oder?

Elske: Ja, es wird punktuell, wo viele Leute leben, Ortsgemeinden geben, die die ganz klassischen Formate wie Sonntagsgottesdienst, Senior*innenkreis usw. haben wollen. Das wird sich aber nur noch in Ballungsräumen auffinden lassen, nicht in der Fläche. Drei Kirchen in einem Radius von einem Kilometer braucht niemand. Auch dazu: weg damit! Wir müssen dafür sorgen, weniger Häuser auf mehr Fläche zu haben. Wenn da eine riesige Kirche mit einer kleinen Gemeinde ist, weil sowieso alles säkular läuft, dann müssen wir diesen Ort anders nutzen. Wir müssen uns öffnen, für die Gesellschaft, für die Welt. Lasst da fähige Architekt*innen ran, die dafür sorgen, dass es dort gemütlicher ist, und wir können diese Kirche als zentralen Begegnungsort für die ganze Stadt gestalten. Egal ob es eine Tafel für Kinder ist, Hausaufgabenbetreuung, Angebote für Jugendliche, Lehrräume für kooperative Universitäten zusätzlich zu Gottesdienst und Programm für Senior*innen – das können wir alles unter einem Dach machen, wie in einem Mehrfamilienhaus. Das kann aber nur dann funktionieren, wenn wir uns von diesem ganzen Bumms verabschieden, der dem entgegensteht: veraltete Bauvorschriften zum Beispiel. Manche Kirchengebäude sind erhaltenswert, aber das darf nicht heißen, dass sie unveränderbar sind, denn dann nutzt sie niemand mehr, dann ist da kein Leben, kein Gemeindeleben mehr. Natürlich sprechen wir jetzt von 2030, aber in 100 Jahren sind wir nicht mehr da, wenn wir so weitermachen. Wir müssen doch jetzt daran denken, dass wir zukunftsfähig bleiben müssen.

Jule: Auch das klingt nach einer mindestens 180-Grad-Drehung, oder?

Elske: Wir müssen uns ganz stark zentralisieren, genau dort, wo die guten Gebäude sind. Und da müssen wir mit passender Infrastruktur und starker Personaldecke für alle Altersgruppen die Dinge anbieten, die jeden etwas angehen.

Jule: Ja, wenn wir nicht für alle da sind, sehe ich keine Daseinsberechtigung für Kirche ...

Elske: Was ist die Aufgabe von Kirche? Sicherlich nicht, Buntglasfenster auszutauschen. Die Aufgabe von Kirche ist, bei den Menschen zu sein, und das müssen wir schon vor 2030 begriffen haben. Natürlich hat der Sonntagsgottesdienst und der Senior*innenkreis eine Daseinsberechtigung, aber das heißt doch nicht, dass diese Räumlichkeiten für den Rest der Woche leer stehen müssen.

Jule: Wir bauen Gemeinde. Aber nicht mit Buntglasfenstern, sondern mit Menschen.

Elske: Und deswegen müssen wir auch gucken, wie wir inhaltlich diese Gemeinde bauen möchten. Ich wünsche mir so sehr, dass Gemeindeglieder – jung und alt – in ihrer eigenen spirituellen religiösen Kompetenz ernster genommen werden. Wir sind nicht eine Religion der Studierten. Es ist unsere gemeinsame Religion, in der alle sprachfähig sein müssen und alle gleichermaßen – wenn sie denn möchten – die Chance haben, ihre Glaubensvorstellungen und Spiritualität in die Gemeinde einzubringen.

Jule: Die Wahrheit liegt eben nicht bei den ausgebildeten Theolog*innen allein ... Letztendlich ist doch jeder Mensch, der sich einbringt, wertvoll. Jede Hand, die baut. Und es ist egal, an welchem Körper diese Hand hängt.

Elske: Priestertum aller Gläubigen! Die Weisheit liegt doch in der Gemeinde. Ein gewisses Maß an Amtsverständnis ist aber wichtig – die Bibel ist ja auch ein dickes Brett, das wir durchbohren wollen, natürlich braucht es da Fachpersonal ...

Jule: Es braucht Hauptamtliche, die Gemeinde leiten, aber vor allem begleiten und befähigen – und auf keinen Fall dominieren. Wir werden in der Anzahl weniger, das Geld wird weniger und wenn wir dann kein starkes, selbstbewusstes Ehrenamt haben – dann ciao!

Elske: Und die pädagogischen Stellen dafür, wie beispielsweise Diakon*innenstellen, werden gestrichen, weil sie für nicht so wichtig erachtet werden. Dabei denke ich mir: Das sind die Menschen, die andere Menschen mit pädagogischem Know-how befähigen, selbstständig zu denken, die Demokratieverständnis beibringen, die religionspädagogisch arbeiten und Glaubensvorstellungen vermitteln. Es muss dafür Sorge getragen werden, dass sich Menschen in der Gemeinde entfalten können.

Jule: Und wenn es um Gemeinde 2030 geht, dann sind das ganz besonders die Menschen, die jetzt noch unter 30 sind ...

Elske: Das ist ohne Wenn und Aber das Existenzielle: Jugendliche müssen mehr Einfluss auf die Zukunftsprozesse unserer Kirche haben – durch die Bank weg, auf allen Ebenen. Denn sie sind diejenigen, die sich um die Dinge, die in den nächsten 30 Jahren passieren müssen, kümmern können und wollen. Ja, es braucht auch die Erfahrenen, aber die Kirche muss der Jugend viel mehr Platz geben, weil die Kirche nur dann Zukunft hat.

Worin wir uns einig sind: Es tut manchmal weh, die Dinge so auszusprechen und zu formulieren. Weil das heißt, dass wir uns von Dingen verabschieden müssen. Wir sind uns sehr sicher, dass wir uns von bestimmten Strukturen, wie Ortsgemeinden, nicht an allen, aber an vielen Stellen verabschieden müssen. Veränderungen sind unbequem, aber wir kommen nicht drum herum, denn ihre Notwendigkeit ist real.

Julia Grote ist seit 2017 Kirchenkreisjugendwartin und Geschäftsführerin der Evangelischen Jugend im Kirchenkreis Leine-Solling. Sie ist dort zuständig für die Begleitung, Aus- und Weiterbildung von Jugendlichen. Darüber hinaus liegt der Schwerpunkt ihrer Arbeit in der Entwicklung von Jugendkirche im ländlichen Raum. Seit 2020 ist sie Mitglied im yeet-Netzwerk und verantwortet gemeinsam mit Elske Gödeke den Podcast »Flüsterfragen«.

Elske Gödeke ist Diakonin und Sozialarbeiterin. Seit Januar 2017 ist sie als Kirchenkreisjugendwartin Geschäftsführerin der Evangelischen Jugend des Kirchenkreises Hildesheim-Sarstedt. Neben Jugendpolitik sind unter anderem Zirkuspädagogik, Seminar- und Freizeitenarbeit Hauptbestandteil ihrer Tätigkeit. Seit 2020 ist sie Mitglied im yeet-Netzwerk und verantwortet gemeinsam mit Julia Grote den Podcast »Flüsterfragen«.

8. Leitsatz

»Zugehörigkeit«

Wir wollen, dass viele Menschen dazugehören. Die evangelische Kirche ermöglicht auch Menschen aktive Teilhabe, die (noch) nicht Kirchenmitglied oder getauft sind. Die Botschaft von Jesus Christus ist eine große Einladung; alle können zur Gemeinde gehören und in ihr mitmachen. Das soll in Zukunft auch nach außen und durch mehr interkulturelle Öffnung noch sichtbarer werden. Die Verbundenheit von Menschen im Berufseinstiegsalter mit der Kirche soll gestärkt werden. Dabei soll neben inhaltlichen Angeboten auch ergebnisoffen über finanzielle Aspekte der Mitgliedschaft nachgedacht werden. Wir wollen Mitbestimmung und aktive Beteiligungsmöglichkeiten in der Gemeinde in dieser Lebensphase stärken.

Ein Einkaufswagen, die Syrophönizierin, der*die Äthiopier*in und ich irgendwo dazwischen

Anna-Lena Passior

2020 war ich zehn Tage lang für Straßenexerzitien bei den Jesuiten in Essen. Zwischen der Struktur des Gebetes und den gemeinsamen Essenszeiten lag das Dynamische, Unstrukturierte, Unberechenbare, das Ungeplante, Zufällige, das Nichtgesuchte – mitten auf den Straßen. Mich berührte die Poesie der Natur mitten im Industriegebiet. Ein leeres Gelände, umgeben von Brombeersträuchern und duftendem Flieder. Am Eingang ein Einkaufswagen mit der Aufschrift »Platz für empfindliche Waren – Hier muss sich keiner quetschen«. Mitten auf dem Platz ein vom Leben gezeichnetes Sofa. Ich setzte mich auf das Sofa mit einer Handvoll Brombeeren und dem Blick in die Weite, und ich fühlte mich wie im »Land, in dem Milch und Honig fließen«. Ein Platz für mich, für meinen empfindlichen, verletzlichen Geist und Körper, der im Großstadtgetümmel doch so oft gequetscht wird. Ein Stück Verheißung mitten im Industriegebiet. Ein heiliger Ort, mit dem ich meine Zukunftsvision von Kirche verbinde.

*Zugehörigkeit und verflüs-
sigende Grenzen*

Zugehörigkeit wird oft in Strukturen gedacht. Damit wird versucht, etwas zu »vereindeutigen«, das eigentlich auch dynamisch, widersprüchlich und unstrukturiert ist. Zugehörigkeit wird dann definiert über Mitgliedschaft oder Taufbescheinigung, über das Wissen bestimmter Gebete und Rituale, eine Insider*in-

gift of not fitting in

nen-Sprache oder den regelmäßigen Gottesdienstbesuch, manchmal sogar über Anpassung an Heteronormativität und bestimmte Milieus. Zugehörigkeit hat oft etwas mit Grenzen zu tun. Nicht nur an Europas Grenzen geht es um menschlich konstruierte Kategorien von Zugehörigkeit, auch in der Kirche. Was ist drinnen und was ist draußen? Grenzen, auch in Bezug auf Zugehörigkeit, sind menschengemacht. Grenzen zu ziehen kann ebenso notwendig sein wie Grenzen zu überwinden. Auch Jesus hat Grenzen gezogen und Zugehörigkeiten festgelegt, aber er hat diese Konstrukte auch hinterfragt und selbst korrigiert. Jesus wies eine Frau zurück, weil sie anscheinend nicht dazugehörte: »Ich bin nur gesandt zu den verlorenen Schafen des Hauses

Israel.« (Matthäus 15,24) Doch am Ende lernte Jesus von dieser Frau etwas (oh ja, auch der Sohn Gottes hat gelernt und sich neu positioniert), erkannte die Universalität seiner Botschaft und wandte sich auch ihr als Syrophönizierin zu. Auch ich lerne immer wieder neue Perspektiven. Während ich mit vielen hundert Menschen in Hängematten im »Hambi« protestiere, die Bürgerinitiative Menschenwürde bei uns mit zwei Syrern für Kirchenasyl anfragt, junge Menschen und Omas gegen Rechts sich für »Stade Sicherer Hafen« einsetzen, wird für mich klar, dass Christ*in-Sein mehr vom Handeln als von Mitgliedschaften abhängt, dass sich Zugehörigkeiten über gemeinsame Positionen und Visionen ergeben. Vielleicht ist die Frage »Wo ist Kirche?« aussagekräftiger als »Wer ist Kirche?«, vielleicht ist die Positionierung gegen Ungerechtigkeit und für Liebe zentraler für die Definition von Kirche als die Frage nach Zugehörigkeit.

Im Hinblick auf die Gesellschaft wird Kirche immer mehr fluid und damit zu etwas, das sich nicht mehr stabil in starren Ordnungen, Gruppen und Strukturen bewegt. Die Frage »Für wen sind wir zuständig?« macht deutlich, dass die Grenzen der Kirche schon jetzt durchlässig sind. Diese Veränderungen geschehen, ob wir wollen oder nicht. Eine damit verbundene Idee von Kirche steht dem Überzeitlichen, Absoluten, Ewiglichen mancher Kirchenbilder gegenüber. Dennoch muss sich die Kirche auf diesen gesellschaftlichen Wandel der Postmoderne einstellen – und viele Christ*innen tun es schon jetzt.

Zugehörigkeit in Diversität

Obwohl ich bei der Kirche arbeite, fühle ich mich oft als außerhalb stehend. In meinem ersten Jahr als pastorale Mitarbeiterin habe ich mir einen Vers auf die Fußgelenke tätowieren lassen, als Worte, auf denen ich stehen möchte: »I can be me now.« Feministin und Christin, links und katholisch – das passt für viele nicht zusammen. Meine Zugehörigkeit zur Kirche bringt Vorurteile, Erwartungen und oft sehr enge Schubladen mit sich. Sie macht es sogar schwerer, in manchen anderen Kontexten dazuzugehören. In kollektiven Zuschreibungen und Zwängen der Zugehörigkeit ist es für mich manchmal schwer, ich selbst zu sein und zu bleiben. Und ich frage mich, wie kann es radikale Diversität und Zugehörigkeit geben? Durch Zugehörigkeiten darf nicht die Individualität, Komplexität und Ambiguität jedes einzelnen Menschen verloren gehen. Es geht nicht um Geschwisterlichkeit durch Integration, sondern um eine Einheit in radikaler Vielfalt. Gleichzeitig haben Zugehörigkeiten (Selbst- und Fremdzuschreibungen) etwas mit Macht zu tun, sie prägen die soziale Position und sind auch durch Ausschlüsse formiert.

Zugehörigkeit und the gift of not fitting in

Im Christentum gab es immer schon Grenzgänger*innen, die Konzepte von Zugehörigkeit in Frage stellen: zum Beispiel der*die Äthiopier*in in der Apostelgeschichte. Der Schwarze Eunuch wird in Jerusalem als fremd und anders gelesen, und da Eunuchen in keine Schublade passen, ist ihnen der Zugang zum Tempel verboten. (Bei diesem Eunuchen handelt es sich nach Chris Paige, otherwisechristian.com, wahrscheinlich um eine intersexuelle Person, die bei ihrer Geburt keine eindeutige binäre Geschlechtszugehörigkeit hat.) Die Zugehörigkeit zum Christentum ist hier eine eigene Entscheidung, die durch eine starke Sehnsucht und ein Beharren umgesetzt wird. »Siehe, da ist Wasser; was hindert's, dass ich mich taufen lasse?« (Apostelgeschichte 8,37), fragt der Eunuch den Apostel Philippus, welchem er auf dem Weg begegnet. Vielleicht sollten alle Menschen selbst entscheiden, ob sie sich zugehörig fühlen oder nicht und was sie für ihre Zugehörigkeit brauchen – und vielleicht ist das nicht die Taufe oder eine eingetragene Mitgliedschaft. Nach der Taufe folgt der*die Äthiopier*in nicht Philippus, sondern geht eigene Wege. Wenn in Kirche über Zugehörigkeit gesprochen wird, geht es oft darum, Menschen in der Kirche zu »halten« oder zu versorgen. Die Haltung der Systemsicherung in Bezug auf Zugehörigkeit lehne ich als Haltung des Selbstbezugs ab. Die Gabe des Nicht-Hineinpassens führt oft zu Dezentralisierungen, zur Verschiebung des Fokus von der Institution oder Gemeinschaft Kirche auf die Präsenz des Evangeliums in der Welt. Ich erlebe mich auch oft als nicht-hineinpassend in Kirche, als fremd, als anders. Ich habe gelernt, diese Erfahrung als Gabe zu sehen, in der neue Perspektiven geöffnet werden. Es ist eine Zugehörigkeit in der Weite. Die Perspektive ist dann nicht die Kirche, sondern das Reich Gottes, das immer größer und weiter ist als die Kirche. Es geht dann nicht um Zugehörigkeit durch Teilnahme an Veranstaltungen, sondern um das konkrete Leben.

Zurück zu den Exerzitien in Essen. Abends feierten wir im Industriegebiet auf einer Betonplatte Gottesdienst. Das Altarbild eine Werbeanzeige einer Waschstraße. Das Auto zwischen den Waschrollen trug das Kennzeichen »Christ« und über dem Auto schwebte ein Küken. Und während ich auf die großen, grauen Bürogebäude blickte und die LKWs vorbeifuhren, dachte ich an das Land voller Brombeeren und mit Platz für empfindliche Waren.

Anna-Lena Passior (sie) ist in Hannover geboren und in der Region der Landeshauptstadt aufgewachsen. Durch Sozialstunden für die Firmung hat sie einen neuen Zugang zum Christentum gefunden. Die diakonische Dimension hat sie nach ihrem Abitur bei einem FSJ mit einer Ordensgemeinschaft in Kenia weiter verfolgt. Danach studierte sie Religionspädagogik in Paderborn. Seit 2019 ist sie in der Ausbildung vom Bistum Hildesheim und arbeitet im Landkreis Stade. Ihre Hauptthemen sind soziale Gerechtigkeit, queerer-intersektionaler Feminismus und Klimagerechtigkeit. Auf Instagram ist sie Teil des feministischen Andachtskollektivs.

Adressiert an das sich Entwickelnde

Justin Michael Utzig

Sie und ich, was haben wir gemeinsam? Nun, wir stehen gerade zusammen am Anfang dieses Textes. Als Autor habe ich aber einen entscheidenden Vorteil hinsichtlich des weiteren Verlaufs. Und so möchte ich mit meinem »Werk«, wenn Sie es so nennen möchten, ein mir wichtiges Thema, gar ein Problem aufgreifen, das uns dennoch alle betrifft. Mein Werk soll Ihnen helfen, wenn Sie, so wie ich, nach etwas suchen, ohne so recht zu wissen, was es ist. Wir drehen uns immer schneller, wachsen, fallen, stehen auf und fallen wieder. Nun kennen Sie meine Motivik. Ich ziehe mich also bald zurück, werde aber immer wieder auftreten und gelegentlich in das sich Entwickelnde eingreifen, ganz im Sinne des »Deus ex machina«. Bitte bedenken Sie, dass Sie ebenfalls Teil dieses Prozesses, ja ein Fragment des Ganzen sein werden. Bleiben Sie daher aufmerksam.

Ich stehe vor einem alten Bauwerk, groß ist es, mächtig gar. Ich blicke herauf, sehe einen sich in schwindelerregende Höhen erhebenden Turm, dessen Erbauer einst wohl jeden einzelnen Stein bewusst so platziert hatte. Bei genauerem Betrachten erkenne ich, dass kein Stein ist wie der andere. – Grau ist sie, die Fassade, es gibt Risse darin. Ich schaue herab, sehe eine vor mir aufragende Tür, sie ist schwer, massiv und scheint verschlossen zu sein. Ich ging an diesem auf seine ganz eigene Weise imposanten Gebäude oft einfach nur vorbei. Ein mutiger Griff zur schmiedeeisernen Klinke, ein beherzter Zug an dem alten hölzernen Tor. Ich trete ein, der Lärm der Straße, das Dröhnen des Verkehrs wird leiser, bis er schließlich verhallt und von einer ganz eigentümlichen Stille verdrängt wird. Ein Windhauch umfährt mich, ich gehe voran. Im Innenraum des Gebäudes sehe ich einige hölzerne Bänke, ganz vorne im Saal flackert eine Kerze und erzeugt ein zartes, aber dennoch warmes Licht. – Das ist es, was wir im ersten Augenblick womöglich sehen, wenn wir an eine Kirche denken. Wir sehen oft nur ein altes, düsteres Gebäude.

Doch Kirche ist noch so viel mehr als bloß ein visueller Eindruck, sie ist für viele Menschen ein Hafen im Sturm der Zeit. Jeder Mensch hat seine individuelle Vergangenheit, seine ganz eigenen Wünsche, Träume und Sorgen. Jeder Mensch ist anders, doch wo bleibt in einer Zeit, in der wir alles kategorisieren, nach Relevanz für das System priorisieren, noch Platz für unsere Individualität?

Wir riskieren durch die rationale Verklärung unseres Daseins die Banalisierung unserer Subjektivität. Es ist ein Phänomen unserer Zeit, dass wir uns miteinander vernetzen und uns dennoch einsam fühlen. Kirche ist ein Ort, der meiner Meinung nach nicht als statisches Konstrukt gesehen werden darf. Kirche ist vielmehr ein dynamisches Modell aus vielen einzelnen Steinen, die sich – so unterschiedlich sie auch sein mögen – letztlich wie der Kirchenbau selbst zu einem stolzen Gesamtwerk zusammenfügen (können).

Wieso wenden wir uns denn dann überhaupt von ihr ab?

Nun ja, Kirche gibt. Sie gibt Hoffnung, Gemeinschaft und hört in gewisser Weise auch zu, spendet Trost. Der Clou dabei ist, dass es Mut erfordert, sich von der so mächtigen Fassade nicht abschrecken zu lassen und – metaphorisch betrachtet – einzutreten. Kirche kann nur funktionieren, wenn Menschen anpacken und Teil jener Gemeinschaft werden. Ein großes Problem dabei ist, dass wir neben der Abwägung der Relevanz von Kirche oft auch die Notwendigkeit jener (Glaubens-)Gemeinschaft negieren. Einer der wichtigsten Aspekte der Kirche ist es, dass sie Stabilität und in gewisser Weise auch Kontinuität offeriert, die gerade in einer so schnelllebigen Zeit wie der unseren, die vom soziokulturellen Umbruch geprägt ist, wichtiger nicht sein könnte.

Das Leben, währt es nun kurz oder lang, gleicht einer Odyssee. Daran ändert niemand etwas, auch Kirche kann es nicht.

Die Wanderjahre eines Menschen lassen sich im Groben in drei Phasen einteilen. Als Kleinkinder lernen wir zu laufen, zu gehen, wir fallen hin, stehen wieder auf. Es ist wahrlich eine unaussprechliche Banalität, dass ein Mensch, solange er strebt, immer und immer wieder jenen Kreislauf durchläuft. Es wird uns suggeriert, dass das »Mehr« und das »Bessere« auch wirklich besser ist für unsere Individualität. Das Streben nach Glück ist heute allgegenwärtig – und es engt uns in unserem Denken ein. Unser Recht auf Individualität gibt uns in gewisser Weise die Erlaubnis, egoistisch zu sein, denn es ist ja schließlich die Freiheit, die unser modernes Leben dominiert, unser Miteinander definiert.

Als junge Erwachsene dann erkennen wir erstmals die Grenzen der Freiheit, sehen, dass jener Begriff für einen großen Teil der Menschen leider nur eine hohle Phrase zu sein scheint. In einer Welt, in der die freie Meinung eines der wertvollsten und gleichsam fragilsten Güter ist, werden im selben Atemzug Menschen immer häufiger diffamiert und ausgegrenzt. – Letztlich reflektieren wir vielleicht unser eigenes Dasein, prüfen es und erkennen, dass vieles womöglich so geworden ist, wie wir es niemals haben wollten.

Mit dem Alter kommt die Entschleunigung; es ist eine Zeit, die uns eine ganz neue Sicht auf das »Leben« eröffnen wird. Dann sind wir zwar gealtert, aber vielleicht bemerken wir schließlich, dass das, was wir all die Jahre nicht sehen konnten, vielleicht doch immer, irgendwie, in irgendeiner Form da war. Aber es braucht nun einmal Zeit ...

Es ist und war stets eine der großen Aufgaben und Herausforderungen der Kirche, den Menschen in den verschiedenen Phasen des Lebens, in eben jenen Wanderjahren, beizustehen und sie zu begleiten. In unserer Gesellschaft lassen sich immer häufiger nihilistische Nuancen erkennen. Die Zweifel an der Existenz Gottes, an der Relevanz der Kirche und ihrer Gemeinschaft wirken nach. Gleichwohl ist Kirche noch immer ein wichtiges Thema, auch und gerade bei jungen Menschen. Nun liegt es an ihr, der Institution Kirche, eine Richtung zu finden, um denen beizustehen, die es auch wirklich wollen.

Der, den Du nicht sehen kannst
Du blickst Dich um,
Fragst Dich, was Du siehst …
Im Raum ertönt ein leises Schallen,
Du siehst Dich um,
Vernimmst ein Rasseln,
Leise spricht der, den Du nicht sehen kannst –

Es schmerzt Dich Dein Hals,
Kalt sind Deine Hände.

Du blickst herab,
Fragst Dich, wieso? –

Leise stehen sie, flüsternd, neben Dir.
Alle die, die Du nicht sehen kannst.
Du drehst Dich um — erblickst sie nicht …
Das Dröhnen der Massen hallt scheppernd wider,
Ein Schreck fährt Dir durch Deine Glieder – –

Nun steht Er da,
Der,
Den Du nicht sehen kannst …

Er spricht, blickt Dich an.
Draußen kratzt ein wildes Raunen.
Drohend verdichtet es sich zu einem Knall.

Du versuchst es, doch …
Du kannst sie nicht hören –
Taumelnd läufst du umher,
Es ertönt nun keine Stimme mehr.

Plötzlich ist Er weg –
Du fragst Dich, war er denn jemals da?

Wo bist Du in jener Zeit,
Warst Du da?

Justin Michael Utzig, geboren 2000 in Neunkirchen/Saar, wuchs bei seiner Großmutter auf. Im Jahr 2015 wechselte er von einer Haupt- auf eine Realschule, absolvierte nach seinem Realschulabschluss 2016 die gymnasiale Oberstufe und machte 2019 sein Abitur. Nach dem Tod seiner Großmutter im Jahr 2017 begann er erstmals zu schreiben und reichte daraufhin erste Texte bei der Brentano-Gesellschaft ein, welche im Jahr 2019 und 2020 publiziert wurden. Seit 2019 studiert er Humanmedizin am UkS in Homburg/ Saar und ist seit Frühjahr 2020 Stipendiat des evangelischen Studienwerks Villigst. Justin Utzig wurde von GoSpecial-Gottesdiensten, geleitet von Pfarrer Udo Nilius, nachhaltig geprägt.

Kirche als Ort, an dem Glaube erfahrbar wird

Jan Philipp Hahn

In unserer Zeit verlieren viele der Selbstverständlich-keiten des vergangenen Jahrhunderts an Bedeutung. Vor einigen Jahrzehnten, so scheint es zumindest, waren noch fast alle Menschen in Deutschland Mitglied in einer der beiden Kirchen. In den letzten Jahrzehnten schwand diese Selbstverständlichkeit der formalen Zugehörigkeit aller Menschen zu christlichen Religionsgemeinschaften in einem erschreckend starken Ausmaß. Dies führte zu einem mittlerweile weit verbreiteten Untergangsnarrativ. Wenn wir aber differenzierter auf lokale Trends, individuelle Glaubenspraktiken und die religiösen Überzeugungen von Gläubigen blicken, dann wird schnell klar, dass schon im-mer Ablehnung, Gleichgültigkeit und Unkenntnis vorhan-den waren. Genauso gab es jedoch Wiederannäherung und aktives Engagement. Eine rein pessimistische Position ist daher nicht hilfreich – die aktuellen Entwicklungen sollten vielmehr einen Impuls darstellen, Kirche derart neu zu denken, dass Menschen ihre religiösen Bedürfnisse in der Kirche wiederfinden und in ihr eine Gemeinschaft erleben, zu der sie sich zugehörig fühlen. Unsere Frage sollte daher sein: Was bedeutet eigentlich Zugehörigkeit zu Kirche? Welchen Unterschied macht es im Leben von Menschen, ob sie zur evangelischen Kirche gehören oder nicht, und was überzeugt die Menschen davon, die EKD als »ihre Kirche« zu definieren?

Deshalb denke ich, dass es falsch ist, wenn die EKD sich bei ihren Überlegungen zur Zugehörigkeit von der Angst vor den finanziellen Konsequenzen schwindender Mitgliederzahlen treiben lässt. Eine Kirche, die sich nur mit ihrem eigenen (ökonomischen) Verschwinden beschäftigt und um die Sicherung von »Marktanteilen« kämpft, nützt weder den Mitgliedern noch kann sie ihre gesellschaftliche Verantwortung wahrnehmen – und Austrittswillige werden davon auch nicht abgehalten. Wenn es der EKD darum geht, Zugehörigkeit neu zu definieren, dann muss sie überlegen, warum sie relevant ist für die Menschen in Deutschland. Ich erinnere mich an eine Veranstaltung, auf der eine katholische Schriftstellerin begründete, warum sie trotz aller Skandale doch zu ihrer Kirche hält: Sie habe das Gefühl, dass dies der einzige Ort in der Gesellschaft ist, wo Menschen etwas um der Sache selbst willen tun – wo der Glaube und der Gottes-Dienst im Zentrum stehen, ohne instrumentalisiert zu werden. Von dort aus könnte man Zugehörigkeit denken: Welchen Mehrwert gibt Kirche denjenigen, die an ihr interessiert sind, welche Bedeutung hat sie im Leben von Menschen, und welche Räume eröffnet sie, die so wichtig sind, dass Kirche für ihre Anhänger*innen zu einem unverzichtbaren Lebensbereich wird?

Der Leitsatz zur »Zugehörigkeit« aus dem Konzeptpapier »Kirche auf gutem Grund« schlägt vor, Räume und Möglichkeiten zu schaffen, die eine flexible Beteiligung an Kirche für alle Menschen der Gesellschaft ermöglichen.

Diesen Gedanken finde ich gut, denn in der Tat sollte Kirche keine exklusive Institution sein, die Menschen davon ausschließt, an der Glaubensgemeinschaft teilzunehmen. Der Grundsatz der Offenheit gegenüber allen Menschen sollte jedoch in der Diskussion um Zugehörigkeit niemanden überraschen, wenn man den Gedanken ernst nimmt, dass Kirche der Ort ist, an dem Menschen die Botschaft Jesu Christi kennenlernen. Ob diese Menschen nun formal Mitglieder sind oder nicht, ist für das Argument, dass Kirche für alle da sein soll, irrelevant. Ich schlage von dieser Überlegung ausgehend vor, Kirche nicht als Institution zu denken, bei der man entweder Mitglied oder Nicht-Mitglied ist, sondern als Ort(e) und Gemeinschaft(en) des christlichen Glaubens.

Fragt man die Gläubigen nach dem Eindruck, den sie von ihrer Zugehörigkeit haben, werden sie vermutlich nicht als Erstes ihren Mitgliedschaftsstatus nennen. Vielmehr fühlen Menschen sich zur Kirche dann zugehörig, wenn sie in ihren Gemeinden vor Ort (oder im Internet) eine wertvolle Gemeinschaft erleben, wenn sie ihren Glauben in unterschiedlichen Facetten leben können, wenn sie ihre Religiosität mit den anderen Menschen der Gemeinschaft teilen und erleben können. Die eigene Zugehörigkeit zur Kirche ist für den oder die Einzelne*n nur dann spürbar und relevant, wenn er oder sie erlebt, wie die kirchliche Gemeinschaft sich anfühlt und wenn Kirche in seinem*ihrem Leben ein Ort des Glaubens ist. Beides scheint mir gleich wichtig: Einerseits muss die Kirche einen Raum für das Ausleben der eigenen religiösen Prägung, für das Erleben von religiösen Erfahrungen ermöglichen, wie beispielsweise durch den Kirchentag oder durch lokale Gemeinde-gruppen. Andererseits entsteht nur dann Zugehörigkeit und Bindung, wenn die Kirche als der Ort erfahren wird, wo Glaube uneingeschränkt möglich ist – das ist das Allein-stellungsmerkmal von Kirche.

Wenn man Zugehörigkeit derart von der Erfahrung des Glaubens und der Glaubensgemeinschaft her denkt, dann kann man die evangelische Kirche und auch die Zugehörig-keit zu ihr nicht als homogenen Singular verstehen. Dann stehen die lokalen Gemeinden und Ausprägungen dieser Kirche und ihre Vielfalt im Vordergrund, denn sie sind not-wendig, damit Menschen mit unterschiedlichen Bedürf-nissen religiöse Beheimatung erleben. Aus diesem Grund nehme ich auch an, dass nur sehr wenige Menschen sich mit »der EKD«, mit der »einen« evangelischen Kirche in Deutschland, die medial präsent ist und die institutionelle Form der Religion verkörpert, identifizieren. Viel wichtiger scheint mir eine Identifikation mit der lokalen Gemeinde oder dem lokalen Angebot innerhalb der evangelischen Kirche, denn Menschen fühlen sich zugehörig zu den Orten und Bereichen in ihrem Leben, die für sie direkt erfahrbar und bereichernd sind. Erst wenn klar ist, dass der Kern der Zugehörigkeit lokal verankert ist, kann in einem zweiten Schritt die Attraktivität der EKD ins Auge gefasst werden.

In der letzten Zeit wird die evangelische Kirche wieder vermehrt mit ihrer gesellschaftlichen Rolle und Verant-wortung in der Öffentlichkeit wahrgenommen, vor allem durch Projekte wie der Finanzierung eines Schiffs zur Ret-tung von Geflüchteten. Diese Aktionen tragen positiv dazu bei, dass die EKD erstens überhaupt und zweitens gesellschaftlich als relevanter, Verantwortung tragender Akteur wahrgenommen wird. Solch ein gesellschaftliches Engagement ist zu begrüßen, insofern es dazu führen kann, dass kirchenkritische Mitglieder sich (wieder) positiv zu ihrer Kirche verhalten und in ihrer Mitgliedschaft wieder einen Sinn, wenn auch keinen genuin religiösen, sondern einen politisch-gesellschaftlichen, sehen. Andererseits darf nicht vergessen werden, dass eine politische Positionierung der EKD bei engagierten Gemeindemitgliedern, die diese Position nicht teilen, in eine Ablehnung der EKD münden könnte. Solche politischen Positionierungen sind daher wertvoll und richtig, wenn sie theologisch gut begründet sind, sie dürfen aber keineswegs als Mittel eingesetzt werden, gesellschaftliche Macht und Einfluss, die verloren gegangen sind, zurückzuerlangen.

Jan Philipp Hahn studiert evangelische Theologie an der Humboldt-Universität zu Berlin und arbeitet als studentische Hilfskraft am Lehrstuhl für Religionswissenschaft und am Lehrstuhl für Religionssoziologie. Seine Interessenschwerpunkte sind Interkulturelle Theologie, die Rolle der Religionsgemeinschaften in säkularisierten Gesellschaften, Kirche in der Öffentlichkeit. Ferner beschäftigt er sich mit afrikanischen Theologien und mit dem soziologischen Forschungsbereich »religion and sustainable development«. Er engagiert sich ehrenamtlich in der Obdachlosenhilfe der Berliner Stadtmission und ist Stipendiat der Jungen Akademie Frankfurt im Jahrgang 2021.

9. Leitsatz

»Mitarbeitende«

Wir fördern Mitarbeit. Die evangelische Kirche schafft für ihre Mitarbeitenden, beruflich und im Ehrenamt, bestmögliche Bedingungen. Wer mit seiner Person für Gottes befreiende Botschaft steht, braucht selbst Freiräume. Unsere Mitarbeitenden werden ermutigt, selbstbewusst für den christlichen Glauben einzustehen, eigenverantwortlich zu handeln und gemeinsam vereinbarte Ziele zusammen mit Bündnispartnern zu verwirklichen. Die Kirche sorgt für faire Bezahlung, familienfreundliche Arbeitsbedingungen und gute Weiterbildung von beruflich und ehrenamtlich Mitarbeitenden.

Das Multiprofessionelle weiterdenken

Kai-Fabien Rolf

In der digitalen Kirchenwelt ist das kleine Städtchen Bramsche bei Osnabrück regelrecht zu einem Synonym für neuartige Medienarbeit gerade in der Kombination mit Jugendlichen geworden. 2016 konnte ich mit großem Rückhalt des Kirchenkreises Bramsche ehrenamtlich den Mediendienst der Evangelischen Jugend Bramsche ins Leben rufen. Am Anfang dachten viele:»Okay, eine kleine Video-AG im Kirchenkreisjugenddienst. Schön zu haben, aber braucht man das wirklich?« Schnell konnte ich interessierte Jugendliche gewinnen, die von der Technik begeistert waren und sich von mir schulen ließen. Mein ehemaliger Superintendent sagte immer:»Im Mediendienst tauchen immer die Konfirmanden*innen auf, die im Konfirmandenunterricht die Ersten waren, die fragten: Wann ist es endlich vorbei?« Und ich glaube, dieses Zitat beschreibt sehr gut die »Magie«, Jugendliche über ein Thema, das sie interessiert, abzuholen. In unserem Fall ist es die Technik mit all ihren Möglichkeiten und Raffinessen, mit der sich Jugendliche für kirchliche Themen begeistern lassen. So drehen diese Jugendlichen plötzlich ganz selbstverständlich Videos über unser Konfirmandencamp oder streamen mit Begeisterung Gottesdienste – und das mit einem ganz eigenen, authentischen und frischen Blickwinkel. Wenn andere Leute erfahren, nachdem sie unsere Videos gesehen haben, dass diese von Ehrenamtlichen erstellt wurden, ist die erste Reaktion: »Echt? Das sieht so professionell aus, das können doch keine Ehrenamtlichen gemacht haben.« Doch! Ich denke, auch darin liegt der »Zauber«: Menschen mit Medien in einer Qualität zu begegnen, wie sie es von anderen Organisationen und Firmen gewohnt sind, damit sich die Zuschauer*innen auch gerne unsere Inhalte anschauen – ohne knarzenden Ton oder unscharfes Bild.

Oft beobachte ich in der Kirche, wie sich Arbeitsbereiche verändern und Pastor*innen oder Diakon*innen mit Zusatzqualifikationen auf immer neue Arbeitsfelder verschoben werden. Ich denke, ein Schlüssel zur Kirche 2030 liegt darin, die festen Professionen in der Kirche zu erweitern und um andere Berufsbilder zu ergänzen. Dabei sollten wir weit über den Tellerrand schauen. Dafür bin ich sicher auch ein Beispiel: Ich mache Jugendarbeit in Bramsche, bin aber weder Religionspädagoge noch Sozialarbeiter, sondern gelernter Kameramann. Wirklich multiprofessionell ist für mich ein Team aus ganz verschiedenen Berufsgruppen: nicht Küster*in, Pastor*in oder Diakon*in, sondern Tischler*innen, Automechaniker*innen und, und, und. Auch in diesen Berufen liegt die Zukunft der Kirche. Für diese Zukunft liegt der Schlüssel vor allem in der authentischen Darstellung unseres christlichen Alltags. Glauben kann nur da wachsen, wo ich ihn gelebt sehe. Das zu zeigen und in die Welt zu transportieren, muss und darf nicht nur an einem Theologiestudium hängen.

Und da wären wir wieder bei meinem Team von rund 20 ehrenamtlichen Jugendlichen in Bramsche: Sie zeigen als Jugendliche ihren Glauben, berichten und erzählen von den Themen, die sie beschäftigen. So entsteht durch die gute Aus- und Fortbildung im Mediendienst ohne große Anstrengungen eine authentische Öffentlichkeitsarbeit, von Jugendlichen gestaltet. Das ist auch meine Vision für die Kirche 2030: Ich wünsche mir in jeder Landeskirche einen Mediendienst der Evangelischen Jugend – eine professionelle Einrichtung mit guter Technik, einer Plattform, auf der sich Jugendliche mit ihren Themen vor und hinter der Kamera ausprobieren können, und mit qualitativ hochwertigen Aus- und Fortbildungsmöglichkeiten. Mein Team und ich können dabei unterstützen und koordinieren, denn diese Vision würden wir gern Wirklichkeit werden lassen.

Kai-Fabien Rolf, Jahrgang 1993, ist Leiter des Mediendienstes der Evangelischen Jugend Bramsche und Geschäftsführer der deine kirche.media GmbH. Bis 2018 war er als Kameramann und Redakteur für NDR, ZDF, RTL, Sat.1 und Pro Sieben unterwegs. Seit Kindesbeinen an ist Rolf ehrenamtlich in der Kirche aktiv. So baute er 2016 ehrenamtlich den Mediendienst in Bramsche auf: ein Pilotprojekt, das er seit 2018 hauptamtlich betreut.

Wenn Tradition und alte Werte neue Wege verhindern: Diakonische Arbeitgeber brauchen einen Change!

Helmut Husmann

Freitag, der 1. Juli 2016 – dieses Datum steht für mich für etwas ganz Besonderes: meinen ersten Tag in der Stephanus-Stiftung. Ich war aufgeregt und total neugierig darauf, was wohl auf mich zukommen mag.

Ich hatte zuvor auf den Tag genau fünf Jahre für das weltweit größte Chemieunternehmen als Recruiter gearbeitet. Dort hatte ich ausschließlich Ingenieur*innen sowie Wissenschaftler*innen rekrutiert – anfangs noch als »normaler« Mitarbeiter, später als sogenannter Key-Account-Manager. Ich hatte mich in diesen fünf Jahren sowohl fachlich als auch persönlich weiterentwickelt und blickte summa summarum auf eine gute Zeit zurück. Eigentlich hätte ich mich nicht beklagen können.

Was fehlte mir also? War es die Perspektive auf einen weiteren Karriereschritt? War es vielleicht die Aufgabe selber? Das immer gleiche und stumpfe Abarbeiten von Aufgaben? Fehlten mir die Impulse, oder sind es meine Ideen gewesen, die nicht gehört wurden? Nein, das war es nicht. Es ging vielmehr um die tiefgreifende Frage: *Welchen Sinn hat meine Arbeit?* Alles, was ich umsetzte, tat ich, um meinem Unternehmen noch mehr Profit zu ermöglichen. Jede

Einstellung eines neuen Mitarbeiters erfolgte, damit dieser Mensch zum Unternehmenserfolg beitrug. Und alles, was dieser Mensch tat, kam nur über Umwege zurück in die Gesellschaft. Sei es in Form von Schuhsohlen mit dem Namen »Booster«, als Kunststoffausstattung in einem VW oder als Lack für Spezialfahrzeuge der Baubranche. Klar, irgendwie hat man der Menschheit damit geholfen, dass ich einen Menschen gefunden habe, der vielleicht eine tolle Erfindung und damit wiederum unser Leben einfacher macht. Klingt edel, aber brauchen wir Menschen immer das »größer, besser, schneller, einfacher«? Die Frage, ob meine Arbeit Sinn hat, habe ich mir bei der Stephanus-Stiftung nie gestellt. Das mag einer der Gründe sein, warum ich trotz einiger Baustellen, auf die ich hier getroffen bin, meine Entscheidung nicht bereue.

Ich bin ein sehr gläubiger Christ, wenn auch kein frommer Kirchengänger mehr. Für mich ist das »klassische« Format einfach nicht mehr zeitgemäß. Viel zu oft erlebe ich Ausschluss, obwohl Christentum Gemeinschaft bedeutet. Ob Homosexualität, Ehe für alle oder andere Themen: hier verschließt sich die Kirche, insbesondere aber deren Würdenträger*innen. Oftmals hält man an alten Traditionen oder Meinungen fest, blendet moderne Strömungen aus und schaut zurück auf die »guten alten Zeiten«. Gerade in der heutigen Zeit, in der viele junge Menschen Orientierung, Sinn und vor allem Halt suchen, macht die Kirche dicht. Neuerungen entstehen nur schwerlich und frische Impulse verpuffen, da Entscheidungsträger*innen Angst vor neuen Wegen haben.

Und genau hier sollte doch die Kirche vorangehen, oder?!

In meinem Job erlebe ich oft genug, dass junge Mitarbeitende schon nach ein bis zwei Jahren gehen. Aussagen wie »Sie haben mich nicht machen lassen«, »Sie haben mir nicht zugehört und vertraut« oder »Das eingesessene Team fährt den alten Stiefel weiter« höre ich immer wieder. Das zu hören, ärgert einen Vollblut-Recruiter ungemein und schmerzt mich, da ich in die Findung dieser tollen Menschen Zeit, Geld und vor allem Überzeugungskraft investiert habe.

Das zieht sich durch. Ob regelmäßige Fort- und Weiterbildungen, angemessene Bezahlung, Urlaubsanspruch, Arbeitsmittel, die state of the art sind, oder auch moderne Dienstplangestaltung: all das sucht man bei kirchlich-diakonischen Trägern oftmals vergebens. Man verkennt die Zeit. Während viele private Unternehmen z.B. in der Behindertenhilfe auf zeitgemäße Tools zurückgreifen, schaffen wir es gerade noch, den sozialen Dienst mit Laptops auszustatten. Um zu verstehen, was ich meine, muss man sich einfach einmal vorstellen, wie ein junger Mensch – frisch aus der Ausbildung und mit neuen Standards ausgerüstet – auf ein Unternehmen trifft, das technisch zehn Jahre zurückliegt. Wenn ich so jemanden noch überzeugt bekomme, dann scheitert derjenige spätestens an den alten Strukturen im Team bzw. an den alten Vorgaben, die seinen »modernen« Erwartungen widersprechen.

Wir legen uns als diakonische Träger die Steine selber in den Weg. Weil uns der Mut fehlt, neue Wege zu gehen.

Weil die finanziellen Mittel eher auf Kundenseite ausgegeben werden und die Mitarbeiterseite oftmals in die Röhre schaut. Weil Hierarchie-Ebenen wie Lehmschichten funktionieren und viele Ideen und Impulse im Keim erstickt werden. Weil die Offenheit fehlt und Tradition größer als die Innovation ist.

Durch diese Blockadehaltung schaden wir vielen. Einerseits verlieren wir Mitarbeitende, wenn sie ständig ausgebremst werden oder das Gefühl haben, nur als nötiges Übel dabei zu sein. Andererseits: Welche Hilfeleistungen wollen wir den Menschen da draußen anbieten, wenn wir keine Mitarbeitenden mehr haben, die sich dieser Menschen annehmen? Soziale Träger sind auch Unternehmen, die dichtmachen können, wenn irgendwann keiner mehr da ist. Was haben wir davon? Nichts!

Heißt das, dass die Kirche und ihre Träger in Zukunft nur noch Mitarbeitende brauchen, die hörig, folgsam, maximal aufopferungsvoll, engagiert und selbstlos sind? Nein, auf gar keinen Fall! Wir brauchen Menschen, die mündig, ideenreich, mutig und vor allem vorwärts gewandt denken. Menschen, die mit der Zeit gehen und Strukturen nicht hierarchisch, sondern agil betrachten.

Was muss die Kirche bzw. was müssen die diakonischen Träger dafür tun? Sie müssen ein deutliches Stück von der Tradition abrücken, sich den aktuellen Gegebenheiten anpassen und sich öffnen. Es braucht Vertrauen in die neuen Bewegungen und den Glauben daran, dass aus diesen jungen Kräften etwas Gutes hervorgeht. Es muss finanziell in die Entwicklung der Mitarbeiterschaft investiert werden und die Personalgewinnung und -bindung den gleichen Stellenwert wie die Kundengewinnung bekommen.

Es muss kein Umbruch in Gänze sein, da Werte wie Gemeinschaft, Sinnhaftigkeit und Nächstenliebe nach wie vor für viele Menschen wichtig sind. Vielmehr geht es darum, Impulse zuzulassen, mutig voranzugehen und die jungen Menschen in Entscheidungsprozesse einzubinden. Zuzuhören und zu akzeptieren, dass es viele richtige Wege gibt.

Warum ich noch bei meinem Arbeitgeber bin? Ich schätze den menschlichen Umgang, die persönlichen Kontakte sowie die Vielfalt der Arbeitswelten. Zudem genieße ich in vielen Themen das Vertrauen meiner Vorgesetzten und ich bekomme Freiheiten, um mich zu entwickeln. Es ist eine große Familie, in der alle für die gleiche Sache einstehen – für den Menschen da zu sein.

Helmut Husmann, geboren 1987 in Berlin-Tempelhof, katholisch, ist seit 2011 gelernter Personaldienstleistungskaufmann und hat 2016 die Ausbildung um den Personalfachwirt erweitert. Zum gleichen Zeitpunkt als Recruiter bei der Stephanus-Stiftung eingestiegen und dort für die Personalgewinnung zuständig. Zu seinem Aufgabenbereich gehörten in der Zwischenzeit auch Themen wie z. B. der technischen Fortschritt des Recruitings, Workshops rund ums Thema Candidate Experience und vieles mehr.

10. Leitsatz

»Leitung«

Wir entscheiden verantwortlich. Die evangelische Kirche braucht zur Umsetzung der Reformen eine bessere interne Abstimmung und den Willen zur Zusammenarbeit. Es wird häufiger Entscheidungen geben, bei denen es nicht allen recht gemacht werden kann. Wir müssen mit Blick auf die Zukunft der gesamten Kirche Prioritäten setzen. Unser Ziel sind Rahmenbedingungen, in denen die Kirche mit ihrer Botschaft klar erkennbar und handlungsfähig bleibt. Wir setzen uns dafür ein, dass Missbrauch von Vertrauen und Macht durch Prävention und strukturelle Maßnahmen verhindert werden, und sorgen für eine angemessene Aufarbeitung.

Leitung in die Zukunft?

Marten Siegmund

Leitung kann nach evangelischem Verständnis nicht die alleinige Entscheidung einiger weniger bedeuten. Damit stellt sich die Frage: Was erwarten wir von unseren Leitungsgremien und wie weit überlassen wir ihnen die Weichenstellung für die Zukunft unserer Kirche? Selbstverständlich können nicht alle Entscheidungen unter Einbezug der Basis getroffen werden, dennoch müssen wir als Kirche auf den unterschiedlichen Handlungsebenen darauf achten, dass das Wissen und die Wahrnehmung unserer Kirchenglieder bei grundlegenden Entscheidungen Berücksichtigung findet. Hierzu sind geeignete Wege wechselseitiger Teilhabe zu eröffnen und zu stärken. Der zehnte Leitsatz gibt Leitungsgremien einen Rahmen, in dem sie agieren sollen. Dieser weist jedoch besonders in Bezug auf Gemeinden Risiken und Leerstellen auf.

Der Leitsatz sieht eine zentrale Aufgabe von Leitung in der Verschlankung von Strukturen. Es bleibt jedoch offen, wie oder wer diese Prozesse ergebnisoffen begleitet und moderiert. Größeren Einheiten wird unhinterfragt eine Plausibilität oder höhere Wirksamkeit zugeschrieben. Es ist jedoch in jedem Einzelfall zu klären, ob größere Einheiten das gewünschte Ergebnis bringen. An einigen Stellen haben sich Fusionsprozesse durchaus als sinnvoll erwiesen, zum

Beispiel bei gemeinsamen Aufgaben der Landeskirchen in der Rechtssetzung und Diakonie oder in der kirchlichen Verwaltung. Das Prinzip des Zusammengehens bringt jedoch im Blick auf Gemeinden nur selten den gewünschten Erfolg.

So sorgt die Bildung großer Gemeinden nicht dafür, dass mehr Menschen in einer Gemeinde aktiv sind. Im Gegenteil: Häufig sinkt das Beteiligungsverhalten von Menschen, wenn sie Teil einer größeren Einheit sind. Große Gemeinden sind zudem meist nur im städtischen Raum möglich. Eine Zusammenlegung im ländlichen Raum nach identischen Kriterien führt zu Gemeinden mit enormer Fläche. In solchen Gemeinden sind Gemeindeangebote und Gottesdienste für die Gemeindeglieder mit hohen Fahrzeiten verbunden. Auch für den*die Pastor*in wird Seelsorge erschwert und es wird viel Arbeitszeit auf Fahrtwegen vergeudet. Solche Gemeinden haben keine Zukunft. Wenn die Kirche nicht verlässlich vor Ort präsent ist, verliert sie den Anschluss und wird zweitrangig. Kirche lebt durch ihre Präsenz bei den Menschen, gerade neben dem Gottesdienst. Sie ist in ihrem Sozialraum Träger von verschiedensten Angeboten und spielt so eine wichtige Rolle im Leben der Gemeindeglieder. Hier lassen sich Gemeindechöre, Jugendtreffs, Altenkreise oder Familienangebote nennen. Ziel von Leitungsorganen kann somit nicht nur ein Abbau von Strukturen sein. Es müssen inhaltliche Perspektiven eröffnet und Chancen genutzt werden, um als Kirche erkennbar und bei der Basis handlungsfähig zu bleiben.

An anderer Stelle des Leitsatzes heißt es, dass es Aufgabe von Leitungsgremien sei, »Auswahl- und Priorisierungs-entscheidungen« zu treffen. Hierfür benötigen sie eindeutige und empirisch gestützte Kriterien sowie ein klares Bild vom Auftrag der Kirche. Doch wer bestimmt diese Kriterien und wie kommen wir zu einem gemeinsam verantworteten Bild vom Auftrag der Kirche? Ein Negativbeispiel ist für mich der Umgang mit Gemeindefusionen und der Schließung von Gemeinden. Der Auftrag der Kirche ist für mich die Verkündigung innerhalb der Gemeinde und an die Welt. Doch wenn Gemeinden fusioniert oder gar geschlossen werden, wird es Verkündigung in vielen Gebieten nicht mehr geben. Die Priorisierung, welche Gemeinden aufgegeben werden, erfolgt derzeit zumeist nur anhand von Gemeindegliederzahlen, ohne darauf zu schauen, was in einer Gemeinde funktioniert oder wie engagiert die Menschen sind. Beim Erhalt von Gemeinden darf es aber nicht allein um Quantität gehen. In erster Linie sollte die Qualität im Zentrum stehen. Da es sich hierbei um eine Grundsatzentwicklung innerhalb der Kirche handelt, können notwendige Kriterien nicht von einem einzigen Gremium oder einer Entscheidungsebene gesetzt werden. Hierfür ist ein breiter Partizipationsprozess nötig. Dies entspricht dem Grundgedanken der Struktur der evangelischen Kirche. Für sie ist verbundene Vielfalt konstitutiv: viele Glieder – ein Geist. Kirche lebt somit auch aus ihrer Vielfalt – gerade auch aus der Vielfalt der Basis. Jede Gemeinde kann auf die Erfordernisse und Bedingungen vor Ort eingehen und hat so ihren eigenen Charakter. Das ist von zentraler Bedeutung, um die

Menschen zu erreichen. Die EKD ist für viele sehr weit von ihrer Lebenswelt entfernt. Die Gemeinde vor Ort ist jedoch nah an den Menschen und ihren Sorgen und Ängsten.

Wir sollten bedenken, dass die ersten frühchristlichen Gemeinden kleine, jedoch aktive Gemeinden waren. Sie zeigten eine viel höhere Strahlkraft und Präsenz als andere größere Glaubensgemeinschaften. Hätten zur damaligen Zeit bereits die heutigen Kriterien gegolten, wären diese Gemeinden aufgrund ihrer Größe geschlossen worden.

Zentral bei der Weiterentwicklung unserer Kirche muss auch sein, dass Pfarr- und Diakon*innenstellen zuletzt gestrichen werden. Zunächst sollte es um eine Verschlankung der Strukturen gehen: Bürokratische Strukturen müssen abgebaut und dadurch Kirchenämter entlastet und verkleinert werden. Es ist überaus problematisch, dass die kirchliche Verwaltung sogar wächst, während Pfarrstellen wegfallen. Dieser Trend muss gestoppt werden, um die wichtigen Stellen bei den Menschen vor Ort erhalten zu können. Die Verwaltungsstrukturen schaffen keine Bindung und somit auch keine Kirchenglieder.

Der zehnte Leitsatz hat viele gute Ansätze und bemüht sich um einen positiven Wandel nach objektiven Kriterien. Er bietet hierfür viel Spielraum, jedoch auch Raum für Missbrauch und nicht basisorientierte Entscheidungen. Ziel muss es sein, die Basis im Blick zu haben. Kirche darf nicht an einem Ort weit weg von der Lebenswelt der Menschen Entscheidungen treffen. Sie muss gemeinsam diesen Weg beschreiten und beachten, dass dieser Prozess nur gelingt, wenn aus allen Bereichen der Kirche Menschen im Boot sitzen.

Marten Siegmund, geboren 1999, stammt aus Ostfriesland. Seit seiner Rückkehr aus einem Auslandsjahr in Johannesburg über das Evangelisch-lutherische Missionswerk Hermannsburg studiert er Grundschullehramt in Oldenburg. 2020 wurde er in die Synode der EKD gewählt und ist in der aktuellen Legislatur Beisitzer im Präsidium. Er ist Vorstandsmitglied der Landesjugendkammer der Hannoverschen Landeskirche.

»Die Kirche von morgen können wir nur alle gemeinsam gestalten. Egal ob jung oder alt, ländlich oder städtisch geprägt. Kirche lebt aus der Basis.«

Trial – Error – Trial again: Kirchesein im Offroad-Modus

Antonia Lelle

Wer schon einmal am Steuer saß, der weiß: Eine Autobahn-fahrt in der sonntäglichen Nachmittagssonne wird noch entspannter mit Tempomat. Offroad in regnerischer Däm-merung ist der Gebrauch des elektronischen Geschwin-digkeitsreglers dagegen kaum vorstellbar. Hier greift ein einfaches Prinzip: Verändert sich die Sicht, dann ist es rat-sam, auch den Fahrstil zu verändern. Nicht nur im Straßen-verkehr, sondern für zahlreiche andere Kontexte ist diese Korrelation ein Grundsatz – auch für Kirchenentwicklung.

Der Blick in die Entwicklungsprozesse der Bistümer und Landeskirchen zeigt: Das zurückgelehnte Fahren mit Tempomat auf den immergleichen Straßen kommt viel-fach an seine Grenzen. Wird Kirchenentwicklung nämlich betrieben als Initiative, die ausgehend vom theologischen »Wozu« von Kirche die Entwicklung gegenwarts- und zu-kunftsfähiger Formen des Kirche-Werdens vordenken und gestalten will, dann ist sie mittendrin im Gelände, in den Lebensbezügen und Problemlagen der Gesellschaft. Die-se zeichnen sich auf der Makroebene vor allem durch ein Merkmal aus: Sie sind komplex. Tendenz steigend. Das bedeutet, dass trotz Expertise Ursachen- und Wirkungszu-sammenhänge vielfach unsichtbar bleiben, dass Informationen fehlen, anhand derer sich exakt ablesen lässt, wie im Sinne des Evangeliums am jeweiligen Ort das gelingende Leben gefördert werden kann. Letztlich bedeutet das, dass Kirche-Werden nicht (allein) durch Sollstellenpläne und Strukturmaßnahmen vorangetrieben werden kann.

Kirchenentwicklung kann sich nur im Offroad-Modus vollziehen. Auf strategischer Ebene geht es dann nicht darum, Pläne zu schmieden, die das Asphaltieren der Straßen organisieren. Vielmehr sind Reifenpaletten und Trainingsgelegenheiten zur Verfügung zu stellen, in denen das Fahren im Gelände erprobt werden kann. Für das operative Geschäft bedeutet die Komplexitätsdiagnose pastoraler Herausforderungen, auf Sicht zu fahren, das Tempo entsprechend anzupassen, wachsam zu sein für das, was sich im Gelände an Neuem zeigt, und vor allem: Wendemanöver einzuplanen. Denn in der Gemengelage von Ungewissheit und Unplanbarkeit kann zumindest mit einem sicher gerechnet werden: Fehler werden kommen.

Aus organisationsentwicklerischer Perspektive ist es deshalb für das System Kirche von großer Bedeutung, sich im Offroad-Modus um eine konstruktive Fehlerkultur zu bemühen. Konkret bedeutet das, (mindestens) drei Dimensionen im Umgang mit Fehlern zu fördern:

Erstens geht es dabei um eine Fehlertoleranz. Gemeint ist damit nicht, dass jede schlechte Performance und jede missglückte Veranstaltung möglichst achselzuckend hingenommen werden. Fehlertoleranz bedeutet vielmehr, dass die kirchlichen Akteur:innen auf das Aufkommen störender Ereignisse und unerwünschter Entwicklungen eingestellt sind und es ihnen möglich ist, mit derartigen Fehlern so umzugehen, dass das Leitziel – die Vision vom kirchlichen Handeln am jeweiligen Ort – nicht verfehlt wird. Die zweite Dimension betrifft die Fehlerneubeurteilung. Angesprochen ist damit die Notwendigkeit einer regelmäßigen Überprüfung der ursprünglichen Lösungs- und Fehlerbereiche. Werden gerade Lösungen angestrebt, die gar keine mehr sind, oder Varianten ausgeblendet, die mittlerweile auf das erfolgsversprechende Neue hindeuten? So kann sich ein als Notlösung ins Leben gerufener digitaler Gebetsraum als Format erweisen, das auch in postpandemischen Zeiten das spirituelle Leben einer Gemeinde prägt. Drittens ist damit die Dimension der Fehlernutzung angesprochen. Fehler sind nicht per se schlecht. Sie besitzen einiges an Potenzial. Sie bringen Innovation und Kreativität, sind lernwirksam und schöpferisch. Sie besitzen im Grunde das, was eine sich entwickelnde Kirche braucht.

Die Förderung einer so verstandenen konstruktiven Fehlerkultur in Prozessen des Kirche-Werdens erfordert gerade auf der Leitungsebene entschiedene Weichenstellungen, insbesondere im Blick auf Führungsstil und die zur Verfügung gestellten Rahmenbedingungen.

Ein konstruktiver Umgang mit Fehlern kann sich bei den unterschiedlichen Akteur:innen gerade dann einstellen, wenn Verantwortungsträger:innen mit gutem Beispiel vorangehen. Indem sie für andere hörbar eigene Fehler eingestehen und das Lernpotenzial daraus abschöpfen, eröffnen sie einen Schutzraum, in dem andere dasselbe wagen können. Sie tragen sowohl im Umgang mit ihren eigenen

Fehlern als auch im Begleiten der Fehler anderer auf besondere Weise Sorge dafür, dass Fehler nicht zu Bloßstellungen, Schuldzuweisungen und Ängsten und in der Folge zu Vertuschung und Lernresistenz führen.

Welche Rahmenbedingungen bei der Etablierung einer konstruktiven Fehlerkultur in einer sich entwickelnden Kirche förderlich sind, lässt sich nicht selten in anderen Branchen fremdlernen. In der Start-up-Szene zum Beispiel. Dort werden vielerorts in regelmäßigen Abständen die kreativsten Fehler des Monats gekürt oder sogenannte Post-Mortems formuliert. Bei Letzteren handelt es sich um Schriftstücke, die einen Misserfolg präzise analysieren und dabei das Ziel verfolgen, Ursachen zu ergründen und Lernerfahrungen aus dem Scheitern für zukünftige Prozesse zu archivieren. Inspirationspotenzial bietet auch das in der Gründer:innenszene beliebte Format der FuckUp-Nights (F.U.N.), bei dem Geschichten vom Scheitern eine Bühne gegeben wird. In einem angenehmen Setting und in respektvoller Atmosphäre kommen bei einer solchen F.U.N. verschiedene Speaker:innen zu Wort, die vor und mit einem Publikum über ihre eigene Erfahrung des Scheiterns sprechen.

Für eine Kirche, die im Gelände neu Gestalt gewinnt und für die Wendemanöver deshalb an der Tagesordnung sind, könnte die Förderung eines derartigen Umgangs mit Fehlern zu einer entscheidenden Stellschraube werden: nicht nur, weil sie organisationsentwicklerisch Lern- und Innovationspotenzial bedeuten, sondern auch, weil sie dadurch in der Begegnung mit denen, für die sie da sein will, an Glaubwürdigkeit und Sympathie gewinnt.

Antonia Lelle hat Katholische Theologie in Freiburg, Saarbrücken und Rom studiert und ihr Studium mit einer Arbeit zu »Konturen konstruktiver Fehlerkultur in kirchlichen Entwicklungsprozessen« abgeschlossen. Sie arbeitet als Wissenschaftliche Mitarbeiterin am Arbeitsbereich Pastoraltheologie an der Theologischen Fakultät der Albert-Ludwigs-Universität Freiburg. In ihrem Promotionsprojekt forscht sie zum Thema »Multi- und interprofessionelle Teams in der Territorialseelsorge«. Sie ist Autorin und Redaktionsmitglied von y-nachten.de.

11. Leitsatz

»Strukturen«

Wir bewegen uns. Die evangelische Kirche wird in Zukunft organisatorisch weniger einer staatsanalogen Behörde, sondern mehr einem innovationsorientierten Unternehmen oder einer handlungsstarken zivilgesellschaftlichen Organisation ähneln. Die Aufträge für unsere Mitarbeitenden lassen Spielraum, auf Trends zu reagieren. Kirchliche Orte ermöglichen Begegnungen. Damit das funktioniert, arbeitet im Hintergrund eine professionelle, agile und gut ausgestattete Verwaltung, zunehmend nach EKD-weit abgestimmten Standards.

Fluide Strukturen, die dem Auftrag dienen

Wolfram Theo Dünkel

Die Strukturen und Territorien der Landeskirchen entsprechen in weiten Teilen den deutschen Ländern, von denen sie 1918 getrennt wurden. Leider folgte auf diese Trennung kein neues »Jahrhundert der Kirche« (Dibelius), vielmehr blieb die behördliche Struktur der Landeskirchen erhalten. Bis heute. Im Horizont der Gemeinden dominiert heute wie damals die parochiale Gemeindestruktur. Sie stammt aus einer Zeit, in der kirchliche und bürgerliche Gemeinde deckungsgleich waren. Religiöse Gemeinschaft bildet sich heutzutage aber eher durch Frömmigkeitsprägung, Milieu oder ästhetische Präferenzen. In der parochialen Struktur werden solche anderen Formen von Gemeinde zwar wahrgenommen, bleiben aber meistens Randphänomene.

Wenn Kirche zukunftsfähig werden will, müssen die damit verbundenen strukturellen Probleme gelöst werden.

Ich werde im Rahmen dieses Beitrags keinen Vorschlag für kirchliche Strukturen liefern, der dann wieder ein paar Jahrhunderte passt. Das würde nicht nur meine Fähigkeiten (und die Zeichenbeschränkung) übersteigen, sondern das Grundproblem fortsetzen: dass sich einzelne Menschen für so klug halten, dass sie gleich für alle entscheiden wollen. Stattdessen glaube ich, dass wir uns vom Gedanken fester Strukturen grundlegend verabschieden müssen. Strukturen müssen fluide werden. Dies ist nur möglich, wenn uns von Neuem klar wird, wozu kirchliche Strukturen dienen.

Kirchliche Strukturen sind kein Selbstzweck. Sie dienen dem kirchlichen Auftrag. Kirchliche Strukturen sollen ermöglichen, dass sich Menschen in Jesu Namen versammeln können (Matthäus 18,20) und ihnen das Evangelium kommuniziert wird (Matthäus 28,19f. bzw. CA 7). Dieser Kernauftrag geschieht nicht in Pfarrdienstbesprechungen oder der Verwaltung. Solche Einrichtungen haben nur dann einen Sinn, wenn sie in den Dienst dieses Auftrags gestellt sind.

Als Gestalter:innen von Kirche müssen wir in eine Haltung kommen, dass wir unsere Strukturen laufend überprüfen und anpassen. Wir müssen uns fragen: Dient diese Struktur dem Auftrag oder behindert sie ihn? Übersehen wir etwas, weil wir zu viel in Strukturen denken? Und vor allem: Was müssen wir verändern, damit wir uns selbst weniger im Weg stehen?

Das Wichtigste, was ich von kirchlicher Struktur 2030 erwarte, ist diese Haltung – und der Mut, dann wirklich etwas zu verändern. Ich habe die Erfahrung gemacht, dass in Landeskirchen schon jetzt viel möglich ist, wenn eine solche Haltung da ist. Dann ist Innovation sogar in behördlichen Strukturen möglich.

Eine Anregung möchte ich dann aber doch noch geben. Die Parochie ist immer noch die verbreitetste kirchliche Struktur, obwohl sich Menschen nicht mehr nur aufgrund ihres Wohnorts religiös vergemeinschaften. In den letzten Jahren hat sich ein Trend abgezeichnet, dass immer mehr Ortsgemeinden fusionieren, die Parochien größer werden.

Für Pfarrdienst und Verwaltung mag das reizvoll sein. Die Menschen der Ortsgemeinde aber setzt es unter Druck, sich mit einer lokalen Größe zu identifizieren, die ihnen nicht entspricht. Die größeren Strukturen überfordern Ehrenamtliche vor Ort. Fusionen von verschiedenen Ortsgemeinden zu neuen »Doppelorten« haben das kirchliche Leben in der Regel nicht unterstützt.

Ich schlage daher eine strukturelle Trennung von »Gemeinde« und Pfarrdienst vor. Auf diese Weise lassen sich Pfarrdienst und Verwaltung weiter regionalisieren. Dies erlaubt Pfarrpersonen mehr Flexibilität und eine gabenorientierte Aufgabenverteilung bei bleibender regionaler Verwurzelung, und es erlaubt eine weitere Professionalisierung der Verwaltung.

Zum anderen können sich dank der Trennung von Gemeinde und Pfarrdienst Gemeinden innerhalb einer Region bilden, organisieren und wieder auflösen, wie es ihnen entspricht. Ortsgemeinden bleiben eine mögliche Gemeindeform. Darüber hinaus aber können sich Milieugemeinden, Projektgemeinden, Haus- bzw. Straßenzuggemeinden, Onlinegemeinden, Gemeinden auf Zeit usw. strukturell bilden. Bislang gibt es sie oft bereits als Teil oder am Rande der Parochialgemeinden. Diese strukturelle Vermischung bremst das kirchliche Leben oft unnötig aus, weil z. B. junge Projektgemeinden in der Regel viel weniger Struktur brauchen, als ihnen die bestehende Gemeinde aufnötigt. Die strukturelle Trennung von Gemeinden und Pfarrdienst aber würde es einer Region erlauben, jede Gemeindeform mit den Strukturen und den Dienstleistungen auszustatten, die sie benötigt. Nicht jede Gemeinde benötigt im Übrigen humanistisch ausgebildete Theolog:innen.

Neben diesen Gemeindeformen in einer Region steht m.E. die pastorale Grundversorgung. Die meisten Kirchenmitglieder haben keine direkte Gemeindebindung, sie befinden sich in »wohlwollender Distanz« (KMU V) zu den bestehenden Gemeinden. Sie vergemeinschaften sich punktuell anlässlich von Kasualien oder zu Weihnachten. Für diese Menschen würde m.E. eine pastorale Grundversorgung und – bei Bedarf – die schnelle Erreichbarkeit der professionellen Kirche genügen.

Wolfram Theo Dünkel, Dipl.-Theol., Jahrgang 1992, ist Vikar im Dienst der Evangelischen Landeskirche in Württemberg. Seit 2017 engagiert er sich für die Digitalisierung der Landeskirche in Württemberg und in der EKD. Er war an der Konzeption und Umsetzung der digitalen Roadmap der Landeskirche in Württemberg beteiligt. Seine Leidenschaft gilt der kulturellen Erneuerung und neuer Führungskultur in der Kirche. In seiner Freizeit spielt Wolfram Theo Dünkel Gitarre, macht Karate und ist Reservist.

Die Strukturen um uns – ein Text zum Selberfüllen

Achim von Wietersheim

Liebe*r Leser*in: 5.000 Zeichen über Strukturveränderung. Ein wenig weiß ich über Organisationsstrukturen – aber so gut kenne ich die Kirche nicht. Wahrscheinlich kennst du sie besser als ich. Deswegen werde ich nicht versuchen, gute Ratschläge zu geben. Du wirst mir immer entgegenhalten, dass alles viel komplexer ist. In dieser Landeskirche so, in jener Strukturebene so. Zu Recht. Deshalb folgender Vorschlag: Ich stelle dir ein paar Fragen zu Struktur, und du kennst die Antworten für die Bereiche von Kirche, in denen du dich bewegst. Je nachdem, ob deine Perspektive die von Kirchenrät*innen ist oder die von Gemeindegliedern, werden deine Antworten ganz unterschiedlich sein. Entweder liest du meine Fragen, gibst dir die Antworten und bist zufrieden. Dann ist alles in bester Ordnung. Oder du liest die Fragen und spürst eine leichte Unruhe. Dann gibt es noch was zu tun. Und die Unruhe, die du spürst – vielleicht ist das ja Aufbruchsstimmung.

Was verstehe ich unter Struktur? Für mich ist Struktur alles, was gemeinsam befolgte Regeln beinhaltet. Das beginnt bei den expliziten Regeln des Organigramms: Welche Posten gibt es, welche Titel und Rechte gehen damit einher? Und es endet bei den impliziten Alltagsregeln: Wer wird in Dankesreden zu Beginn extra angesprochen? Und wie schnell darf man in Kirchengebäuden laufen? Diese Strukturen lenken uns ganz alltäglich. Ich glaube, dass eine lebendige Kirche daran zu erkennen ist, ob sich ihre Strukturen ändern können. Bis 2030 und darüber hinaus.

Wem dient Struktur?

Lass uns bei der ganz großen Frage anfangen. Mal ehrlich: Was ist dein persönlicher Grund für Kirche? Warum muss es sie geben? Wenn der Zweck der Kirche ist, für volle Kirchenbänke zu sorgen, sollte sie etwas mehr Geld in Polster investieren. Vielleicht ist ihr Zweck aber auch, eine einheitliche protestantische Stimme zu schaffen. Oder die radikale Unterstützung der Armen und Ausgegrenzten. Struktur dient immer einem Zweck. Sie ist auf etwas ausgerichtet, nützt einigen Zielen mehr und anderen weniger. Deshalb:
- Welchem Zweck nützen die kirchlichen Strukturen, denen du täglich begegnest?
- Welcher Zweck spiegelt sich nicht in den Strukturen der Kirche? Warum nicht?
- Was meinst du – welchem Zweck sollte die Kirche eigentlich dienen?

Was soll bleiben?

Wenn wir über Veränderung reden, ist es wichtig, sich bewusst zu machen, was wir nicht ändern wollen.
- Was liebst du an deiner Kirche?
- Wenn sich alles ändert, welche Struktur sollte bleiben?

- Welche Strukturen sind so nah am Zweck der Kirche, dass sie sich nicht ändern sollten?

Wer entscheidet, wenn es hart auf hart kommt?
Es gibt Organisationstheoretiker*innen, die sagen, die wahre Struktur einer Organisation käme im Krisenfall zum Vorschein. In vielen Organisationen, die partizipativ scheinen, entscheidet im Krisenfall doch eine*r. Alle Fragen gehen in eine Richtung und alle Antworten von dieser Richtung aus. Wenn Kirche sich verändern möchte, partizipativ und auf Augenhöhe sein möchte, dann wird sie um dieses Phänomen nicht herumkommen:
- Wer entscheidet in den Strukturen um dich, wenn es hart auf hart kommt?
- Liegt das an der Person oder an der Position?
- Bist du zufrieden mit diesem Mechanismus?

Wie geht Regeländerung?
Für mich ist das die wichtigste Frage im Hinblick auf Strukturen. Wer kann ändern, wie wir Dinge tun? Und wie funktioniert diese Regeländerung? Braucht es eine Abstimmung? Oder charismatische Vordenker*innen, die so konsequent Regeln ignorieren, bis das Hinwegsetzen eine neue Regel geworden ist? Es ist leicht zu sagen: »Jaja, das entscheidet die Synode – und die ist demokratisch.« Aber nimm dir Zeit. Wenn du eine bestimmte Regel ändern wolltest, die dich schon immer gestört hat:
- Weißt du, durch welchen Mechanismus sie änderbar wäre?
- Bist du mit diesem Mechanismus zufrieden?

Wenn du gerade eher mit den Schultern gezuckt hast, dann ist meine Hypothese: In deiner Struktur geht Veränderung nur gutsherrenartig von oben – oder durch Rebellion. Beides ist möglich. Aber eine partizipative Organisation baut ihre Regeln so, dass die Struktur Regeländerungen vorsieht, und nicht so, dass nur Machthaber*innen sie von oben durchsetzen können.

Wie viel Freiheit erlaubt Kirche?

Du hast vorhin über deinen ganz persönlichen Zweck der Kirche nachgedacht. Wie müsste eine Kirche aussehen, die sich radikal diesem Zweck verschreibt? Ich weiß, die Kirche dient vielen Zwecken und diese Vision ist zu simpel. Sie ist zu riskant, oder?

Die Kirche hat eine ambivalente Beziehung zum Risiko: Einerseits basiert sie auf der Annahme, dass Jesus Christus sein Leben gegeben hat. Auch heute riskieren Menschen ihr Leben für ihren Glauben. Gleichzeitig führen die Jahrhunderte zu Beständigkeit. Kirche baut nicht nur auf eine revolutionäre Botschaft, sondern auch auf tradierte Strukturen. Es könnte sogar so sein, dass die Kirche heute noch lebt, nicht weil sie so begeisternd ist, sondern weil sie gestern schon gelebt hat.

- Fördern die Strukturen um dich eher Innovation oder Fehlervermeidung?
- Wo geben kirchliche Strukturen Raum für Risiko?
- Braucht es mehr Risikobereitschaft im Kleinen? Oder in den großen Strukturebenen?

Eine christliche Organisation

Über Jahrhunderte hat die Kirche überlebt. Zu Beginn als kleines Häufchen, später als eine wachsende Bewegung, dann als Machtapparat, als Staat. Was ist sie heute? Eine Verwaltung? Wir sehen, dass die Kirche viele Organisationsformen annehmen kann. Aber lassen sich aus unserer Theologie strukturelle Regeln ableiten?

- Was sind deine theologischen Grundüberzeugungen?
- Sind diese Überzeugungen in der Struktur um dich herum präsent?
- Wie kann eine Kirche aussehen, die ihre Struktur auf Glaube, Liebe und Hoffnung baut?

2030 ist nicht weit. Und ein Koloss wie die Kirche verändert sich nur langsam. Wenn wir dazu beitragen wollen, könnte der Fokus auf Struktur ein Weg sein, im Großen wie im Kleinen. Denn wenn wir nicht die Strukturen bestimmen, bestimmen sie uns.

Achim von Wietersheim, Jahrgang 1993, ist Psychologe, macht eine Ausbildung zum systemischen Psychotherapeuten und arbeitet seit 2018 in einem Unternehmen für Organisationsentwicklung und New Work. Er hat im großen Apparat Kirche immer mal wieder Nischen gefunden, von denen er hofft, dass sie noch über 2030 hinaus bleiben und Menschen berühren.

Coole Idee, hier hast du das Startkapital

Maximilian Bode

Auf meinem Balkon habe ich einen *urban garden* angelegt. Auf wenigen Quadratmetern habe ich so viele Pflanzen wie möglich untergebracht. Fast alles, was ich dafür brauchte, habe ich schon besessen: Aus einer alten Kiste wurde mein Hochbeet und aus einer Regenrinne ein Blumenkübel. Vor allem lasse ich dort Nutzpflanzen wachsen, wo eigentlich keine wachsen können: auf blankem Beton mitten in einer Wohnsiedlung. Genauso wünsche ich mir die Kirche der Zukunft: etablierte Kirche neben ungewöhnlichen Gemeinden, die aus Vorhandenem Neues entstehen lassen. Die Traditionen upcyceln – aus den Mitteln, die sie vor Ort gefunden haben und die genau darum dort richtig und passend sind.

So etwas mit der aktuellen kirchlichen Struktur zu entwickeln, ist oftmals mühselig. Aus der gegebenen Verwaltungsstruktur kann eine neue parallele Support-Struktur entstehen. Damit Mitarbeitende notwendige Spielräume bekommen, um solche Projekte anzuschieben, benötigen wir eine kirchliche Innovationskultur. Und diese soll gesamtkirchlich etabliert werden mit mehr Anlaufstellen. Ich wünsche mir in jedem Kirchenkreis mindestens eine Personalstelle, die nur für die Förderung von innovativen Projekten zuständig ist. Eine:n Möglichmacher:in, um neben der gegebenen Struktur sagen zu können: »Coole Idee, hier hast du das Startkapital, um sie umzusetzen.« Oder: »Sprich mal mit denen, die haben was Ähnliches gemacht und vielleicht gute Tipps für dich.«

Es gibt in unserer Kirche bereits viele innovative Ideen. Und genauso viele Menschen, die bereit sind, diese umzusetzen. Doch wer bisher in der Kirche innovativ arbeiten will, muss oft lange nach struktureller Unterstützung suchen oder sie sich selbst aufbauen. Stattdessen brauchen sie strukturell mehr Unterstützung durch Beratung und Material. Und nicht zuletzt benötigen die bereits Angestellten genügend Zeit, um neue Ideen zu entwickeln und umzusetzen.

Mein Vorschlag zur Umsetzung lautet: Start-up-Förderung. Einige meiner Freund:innen haben selber Start-ups gegründet. Wenn ich mich mit ihnen über die Entwicklung der Kirche unterhalte, dann sagen die mir: »Nichts könnte weiter von einer Start-up-Kultur entfernt sein als eine staatsanalog strukturierte Behörde.« Aber ich bin überzeugt, dass weitere und umfassende Fördermöglichkeiten aus der kirchlichen Struktur heraus etabliert werden können.

Leider sind aktuelle Förderungen oftmals mit zahlreichen Hürden versehen. Es gibt zu viele Gremien, die Ideen erstmal in einen komplizierten Prozess leiten. Stattdessen müsste der Support viel früher ansetzen. Eine Start-up-Förderung gibt neuen Ideen eine Chance, ohne inhaltliche Auflagen zu machen. Die finanzielle Unterstützung für ein Start-up setzt direkt nach der Ideenfindung ein. Gründer:innen stellen ihr Projekt dabei in nur wenigen Minuten vor und erhalten danach den Zuschlag für eine Förderung oder eben nicht. Das heißt: Der erste Schritt nach der Vorstellung der Idee ist direkt der finanzielle Support. Einfach weil die Idee überzeugt oder weil sie eine Leerstelle füllen könnte. Das reicht den finanziellen Unterstützer:innen bereits. Denn sie wissen, was ein Start-up braucht. Bewusst Risiken eingehen und einer Idee vertrauen. Sowohl auf Seiten der Gründer:innen als auch und umso mehr aber auf Seiten der Förderinstanz.

Ich wünsche mir eine kirchliche Projektförderung, die so früh wie möglich einsetzt. Die innovativen Menschen Zeit, Know-how und Geld zur Verfügung stellt. Ohne komplizierte Bewerbungsverfahren, die schon ausführliche Projektskizzen oder Businesspläne enthalten müssen. So wie in der Start-up-Szene. Oft setzen bisherige kirchliche Förderverfahren voraus, dass im Vorfeld bereits viel Zeit, aber auch Geld in die Idee investiert werden muss.

Ich wünsche mir flächendeckende Anlaufstellen, die als Support- und Ermöglichungsinstanz agieren, um unkompliziert innovative Projekte zu fördern.

Außerdem brauchen die Gemeinden wieder mehr Personal vor Ort. Die Kirche soll noch mehr in Menschen investieren. Innovationsorientierte Unternehmen setzen bewusst auf Stellendopplungen und reduzieren dafür ihre zentrale Verwaltung. Daran kann sich die Kirche ein Vorbild nehmen und beispielsweise mehr Gemeindeverwalter:innen einstellen, anstatt die mittlere Verwaltungsebene weiter auszubauen. Was allerdings nicht bedeutet, diese ganz aufzugeben. Das Personalwesen, die Kindergarten- und

Friedhofsverwaltung zentral zu organisieren oder an städtische Verwaltung abzugeben, zahlt sich aus.

Nach einem vollen Arbeitstag kommt kaum noch jemand auf innovative Ideen. Deshalb braucht das kirchliche Personal mehr zeitliche und finanzielle Flexibilität, um pragmatisch auf die örtlichen Gegebenheiten zu reagieren. Es gibt Firmen, die ihren Angestellten freie Arbeitszeit schenken, um an eigenen Projekten zu arbeiten. Ein solches Investieren in die Zukunft braucht die Kirche.

Als Kirche können wir mit Gottes Hilfe dort Pflanzen wachsen lassen, wo es undenkbar erscheint. So wie auf meinem Balkon.

Maximilian Bode, Jahrgang 1991, ist Pastor und Autor. Er wuchs in einem Lehrer*innenhaushalt auf, hat evangelische Theologie und Philosophie in Marburg und Göttingen studiert und bekleidet mit Christopher Schlicht das erste Teampfarramt in der Landeskirche Hannovers in der Emmaus-Gemeinde Bremerhaven. Zusammen schrieben beide das Buch »Kirchenrebellen – Wir bringen Leben in die Bude«. Instagram: @pynk_pastor

12. Leitsatz

»EKD und Landeskirchen«

Wir alle sind EKD. Die Evangelische Kirche in Deutschland ist als Gemeinschaft der Gliedkirchen Kirche und wird in der Öffentlichkeit so wahrgenommen. Sie ist in Deutschland die Gemeinschaftsplattform für alle, die sich zur evangelischen Kirche zählen. Ihre Aufgabe ist nach innen die Stärkung und Vertiefung der Gemeinschaft unter den Landeskirchen und nach außen die gesamtkirchliche Vertretung auf nationaler und internationaler Ebene. Sie kann für alle Mitgliedskirchen gemeinsam Verantwortung übernehmen. Anderes kann stellvertretend für alle von einzelnen Landeskirchen getragen werden. Wichtig ist, dass zukünftig dieselbe Aufgabe jeweils nur noch einmal gemacht wird – und dafür gut.

Ein Schiff, das sich Gemeinde nennt

Bjarne Thorwesten

2030 ist die EKD klimaneutral. Das hat geklappt, weil Synoden es eingefordert haben. Sie gelten als die Thinktanks und Ideenschmieden schlecht hin. Jede*r will dahin. Der Eindruck, dass man mit brillanten und wegweisenden Ideen an Landeskirchen oder der EKD scheitere, ist Geschichte. Weil sich alle dachten: »Wenn wir an den kleinen Schrauben drehen, kriegen wir großen Widerstand. Und wenn wir an den großen Schrauben drehen, kriegen wir auch großen Widerstand – also drehen wir lieber an den großen Schrauben.«

Ach ja, 2030 gibt es auch keine Schrauben mehr: Der schwerfällige, stählerne Tanker EKD und die Containerschiffe der Landeskirchen sind nun eine Flotte von Segelschiffen – zum einen natürlich wegen der Klimaneutralität und zum anderen, weil sie viel dynamischer und schöner sind. Hier wird nicht mehr geschraubt, transportiert und verladen, sondern es werden Segel gesetzt – beeindruckende Segel mit einheitlichem Corporate Design. Jede*r hisst zusätzlich noch seine eigenen Flaggen, aber dennoch ist immer schon am Horizont erkennbar: Die gehören zur evangelischen Kirche. Manche Flaggen gibt es 2030 nicht mehr. Denn landeskirchliche Grenzen, die sich nicht an den Bundesländern orientieren, sind völlig absurd.

Die Schiffe leben von ihrer Crew. Diese ist so divers, vielfältig und bunt wie nie zu vor. Es gibt nicht nur von jeder Art zwei, sondern so viele, wie Bock haben, dabei zu sein. Die einen fahren bis zum nächsten Hafen mit, und andere lassen sich auf der Fahrt dual ausbilden. Alle wollen raus auf hohe See – die protestantische Freiheit spüren, den heiligen Geist wehen erleben und den passenden Kurs einstellen. Manche Schiffe steuern in regelmäßigen Abständen die liebgewonnenen Häfen an, und andere sind ständig auf neuer Mission. Fremdes erkunden und verstehen, Freundschaften schließen, Menschen fischen, Brot für die Welt verteilen. Und – halleluja – die Sea-Watch 4 als eines der dienstältesten Schiffe der neuen Flotte darf sich endlich auch auf andere Missionen begeben, weil die gesamte europäische Staatengemeinschaft sich glaubhaft auf den Satz verständigt hat: »Man lässt keine Menschen ertrinken. Ausrufezeichen!«

Die EKD wird in der Öffentlichkeit als starke Stimme wahrgenommen. Sie gestaltet öffentliche Diskurse aus dem Evangelium abgeleitet spürbar mit. Aber sie ist auch dafür bekannt, in aller Ruhe auf ihrem Schiff zu bleiben und zu schlafen, während ein großer Sturm tobt, zu dem sie nichts zu sagen hat. Neben der öffentlichen Stimme sind die Landeskirchen in Kooperation mit der EKD vor allem für ihren wirkmächtigen Pragmatismus bekannt. Die EKD hat mit der Deutschen Bahn verhandelt und lässt von ihrem Großkundenrabatt alle Kirchenmitglieder profitieren. Es gibt quasi ein Semesterticket zu unschlagbaren Konditionen für Kirchenmitglieder. Außerdem steht an jeder Kirche, jedem

Gemeindehaus, jeder Kapelle – schlicht auf jedem kirchlichen Grundstück – mindestens eine Elektroladesäule. Logischerweise betrieben durch die Photovoltaik-Anlagen, die auf jedem Dach angebracht sind, wenn nicht gerade die Denkmalschutzbehörde Einwände hat. Daneben ist ein Carsharing-Point. An Probleme mit der Ladeinfrastruktur in Deutschland kann sich kaum noch jemand erinnern. Alles möglich, weil die Landeskirchen durch eine Initiative der EKD als geniale Partnerinnen für die Verkehrswende erkannt wurden. Während das Auto lädt, fühlt man sich herzlich willkommen, in dem ehrenamtlich verantworteten Café zu verweilen oder im Gemeinschaftsgarten saisonales Obst und Gemüse zu ernten, während die Kinder sich auf dem Spielplatz austoben. Und wem es gefällt, ist es über das öffentliche WLAN unkompliziert möglich, seine*ihre Unterstützung des Erlebten auf vielfältige Weise auszudrücken. Entweder kann über die digitale Mitgliedsverwaltung die Gemeindezugehörigkeit unkompliziert angepasst werden, oder der Antrag auf Mitgliedschaft in der evangelischen Kirche wird online gestellt. Oder, und diese Option nutzen immer mehr Menschen, Projekte werden gezielt personell oder finanziell unterstützt. Die EKD wird europaweit für ihre hervorragend gepflegten Datensätze und daraus resultierenden Fundraising-Strategien beneidet. Alle Landeskirchen bis ins letzte Gemeindebüro können auf dieselben aktuellen Daten zugreifen und so zielgruppenorientiert die frohe Botschaft kommunizieren. Zur Kommunikation gehört es auch, ernsthaft aufzuhor-

chen, wenn breite Teile der jüngeren Generation signali-
sieren: »Das kann man so keinem mehr erklären.«

Deshalb hoffe ich, dass die EKD mit ihrer Flotte bald
in See sticht: klimaneutral, divers abenteuerlustig und
ansprechend für die Öffentlichkeit. Als Aufbruchssong
taugt vielleicht das Wunschlied Nummer eins meiner Kon-
firmandenzeit im dritten Schuljahr: »Ein Schiff, das sich
Gemeinde nennt«. Mein Spotify-Algorithmus ist jetzt zwar
ruiniert, aber dafür habe ich einen schönen Ohrwurm, um
meine Kraft weiterhin für eine evangelische Kirche auf dem
richtigen Kurs einzusetzen. Das Ziel heißt Gottes Ewigkeit.

Bjarne Thorwesten, Jahrgang 1996, studiert evangelische Theologie in Münster. Er
ist seit 2019 Generalsekretär des Verban-
des Christlicher Pfadfinderinnen und
Pfadfinder (VCP) Westfalen e. V. Seit 2016
ist er berufenes Mitglied der westfälischen
Landessynode, seit 2021 Mitglied der
EKD-Synode.

Ein trockener Wein?

Maik-Andres Schwarz

Mir ist noch kein Weinkenner begegnet, der keine heimliche Liebe für trockene Weine hatte. Denn Weintrinken und gutes Essen in Gemeinschaft gehören zusammen – und als Speisebegleiter machen sich trockene Weine nun einmal besonders gut. Das Thema »EKD und Landeskirchen« macht auf den ersten Blick den Eindruck eines trockenen »Vierteles« (wie man im Süden das in Gemeinschaft getrunkene Glas Wein bezeichnet). Damit ist klar, dass es sich um ein Thema für ausgemachte Kirchenkennerinnen handelt. Ist es auch etwas für junge Weintrinker? Ich meine: ja.

Wein ist vor allem eine Kulturfrage
Mir gefällt das plakative »Wir alle sind EKD« am Schluss der zwölf Leitsätze, wie sie die EKD-Synode im November 2020 verabschiedet hat. »Die« EKD ist nicht »Hannover«, ist nicht nur das Kirchenamt, die Synode oder der Rat der EKD, sondern »alle, die sich zur evangelischen Kirche zählen«. Es geht nicht nur um einen Ansatz zur Organisationsentwicklung, sondern um eine kulturelle Frage, die alle betrifft, die als evangelische Christinnen und Christen in EKD und Landeskirchen miteinander Wein trinken. Also: Die Frage geht genau dich etwas an, der du das hier liest, egal ob alt oder jung!

Meine Grundüberzeugung ist: Jeder sollte das tun, was er oder sie am besten kann. Deshalb möchte ich hier die direkte Frage stellen: Welche Aufgabe, die Sie gerade in Ihrer Gemeinde, Ihrer Gliedkirche, Ihrer Bezirkssynode, Ihrem ehrenamtlichen Team oder Ihrem Pfarrkonvent bearbeiten, können wirklich nur Sie tun? An wen könnten Sie es eventuell abgeben, der es besser kann als Sie? Wo tun Sie eine Aufgabe, die Sie für andere mitbearbeiten könnten oder die gemeinsam besser funktionieren würde? Und wo schaffen Sie Freiraum für Vernetzung mit den richtigen Leuten dafür?

Die EKD als Partyqueen?
Dass die gleichen Aufgaben in EKD und Gliedkirchen nicht nur doppelt, sondern zehn- bis einundzwanzigmal erledigt werden, beeinträchtigt unser Zeugnis für das Evangelium und ist heute nicht mehr zu rechtfertigen. Als junger Mensch nehme ich Landeskirchen und EKD von außen vor allem medial und digital wahr und identifiziere sie nicht primär regional, sondern generell als »evangelische Kirche«. Und ich bin immer wieder schockiert, wie wenig sich Kommunikation und Struktur der evangelischen Kirche auf meine Bedürfnisse und Fragen ausrichten. Dass die EKD hier Aufgaben für alle übernehmen kann, muss man meiner Generation nicht erklären.

Die wichtigste Aufgabe der EKD liegt m. E. aber darin, die Gemeinschaft der Gliedkirchen untereinander zu stärken. Um in meinem Bild zu bleiben: Auf jeder Party gibt es eine Partyqueen, die für die richtige Stimmung sorgt, indem sie die Gäste connected und miteinander ins Gespräch bringt. Manchmal ist die Partyqueen die Gastgeberin, manchmal ein anderer Gast. Die besten Partys sind allerdings die, auf denen die Partyqueen ihr Ding richtig gut macht, ohne dass man es als Gast bewusst wahrnimmt – kein »the winner takes it all« und kein fancy Glitzer also, sondern eine gesellige und zugleich unprätentiöse Partyqueen, die sich über den Karaoke-Sieg anderer freuen kann. Am Ende der Nacht gehen alle mit neuen Freundschaften nach Hause, aus denen sich schöne Dinge entwickeln.

EKD und Landeskirchen 2030
Ich finde es richtig, dass der Leitsatz keine Patentrezepte vorlegt, wie es etwa noch 2006 im Impulspapier »Kirche der Freiheit« mit der Marke, die Gliedkirchen auf maximal 16 zu fusionieren, getan wurde. Doch was wünsche ich mir konkret für das Zusammenspiel von EKD und Landeskirchen 2030?

Zuallererst, dass sich in der Kulturfrage etwas getan hat! Dass wir einander vertrauen, dass es der andere schon gut machen wird, wenn wir eine Aufgabe delegieren. Dass kein Zentralismus-Abwehrreflex mehr greift, wenn »die« EKD in Hannover eine wichtige Aufgabe als (bitte: unprätentiöse und vernetzende) Partyqueen ausfüllt. Dass andersherum aber auch »die« EKD kein Problem damit hat, wenn in einzelnen Schwerpunkten Gliedkirchen für sie sprechen und es keine EKD-Cheftheologen mehr gibt.

Zweitens wünsche ich mir ein vielfältiges und zugleich einheitliches Auftreten aller Landeskirchen und der Diakonie unter der Marke »Evangelische Kirche«, am besten mit einheitlichem Corporate Design, das dieses mental-kulturelle Zusammenwachsen der Identität widerspiegelt. Im Backend könnte das zum Beispiel gerne auch eine Kasual- und Segensagentur auf Bundesebene bedeuten.

Und drittens, wenn sich die EKD wirklich als »Gemeinschaftsplattform für alle, die sich zur evangelischen Kirche zählen«, versteht, sollte sie den Mut haben, neue Gliedkirchen aufzunehmen – etwa interkulturelle Gemeindebünde (beispielsweise fremdsprachiger Kirchengemeinden mit migrantischer Prägung) –, oder auch den Weg frei machen für institutionelle Anbindung (und Förderung) innovativer (Gemeinde-)Gründungen auf EKD-Ebene.

Maik-Andres Schwarz stammt aus einer schwäbischen Winzerfamilie und studierte Evangelische Theologie in Tübingen, Greifswald und London sowie Religionswissenschaften (M.A.) am King's College London. Von 2017 bis 2020 war er Jugenddelegierter der 12. Synode der EKD (dem »Kirchenparlament«) und ist seit 2021 Mitglied der 13. Synode.

Abbildungsverzeichnis